JN417534

독서치농하고
끊임없이 자경하라,

문경 청대 권상일 종가

기획 경상북도 · 경북대학교 영남문화연구원 | **지은이** 원보영

경북의 종가문화 연구진

연구책임자	정우락(경북대 국어국문학과)
공동연구원	황위주(경북대 한문학과) 조재모(경북대 건축학부)
종가선정위원장	황위주(경북대 한문학과)
종가선정위원	이수환(영남대 역사학과) 홍원식(계명대 철학윤리학과) 정명섭(경북대 건축학부) 배영동(안동대 민속학과) 이세동(경북대 중어중문학과)
종가연구팀	김위경(영남문화연구원 연구원) 이재현(영남문화연구원 연구원) 최은주(영남문화연구원 연구원) 이상민(영남문화연구원 연구원) 황명환(영남문화연구원 연구보조원) 전설련(영남문화연구원 연구보조원)

축 · 간 · 사

경상북도에서 『**경북의 종가문화**』 **시리즈** 발간사업을 시작한 지 벌써 10년째가 되었습니다. 더 늦기 전에 지역의 종가문화를 기록으로 남겨 후세에 전해야 한다는 절박함에서 비롯되었던 본 사업은, 그간 많은 분들의 노고에 힘입어 어느새 55권의 책자가 발간되는 데 이르렀습니다. 이러한 결실은 우리 지역의 문화자산으로 자리 잡아가고 있어, 300만 도민의 한 사람으로서 무척 보람되게 생각합니다.

경북은 한국 전통문화를 집적해 온 중심입니다. 특히 옛것을 소중히 하는 전통문화의 중심에는 바로 경북의 종가宗家가 있습니다. 우리 도에는 240여 개소에 달하는 종가가 고유의 문화를 오늘날에도 온전히 지켜 오고 있어, 우리나라 종가문화의 보고寶庫라고 해도 과언이 아닙니다.

하지만 최근 산업화와 종손·종부의 고령화 등으로 인해 종가문화는 급격히 훼손·소멸되고 있는 실정입니다. 이에 경상북도에서는 종가문화를 보존·활용하고 발전적으로 계승하기 위해 2009년부터 **'종가문화 명품화 사업'**을 추진해 오고 있습니다. 체계적인 학술조사 및 연구를 통해 관련 인프라를 구축하고, 명품 브랜드화하는 등 향후 발전 가능성을 모색하기 위해 다방면으로 노력하고 있습니다.

경북대학교 영남문화연구원을 통해 2010년부터 추진하고 있는 『경북의 종가문화』 시리즈 발간도 이러한 사업의 일환입니다. 도내 종가를 대상으로 현재까지 『경북의 종가문화』 시리즈 55권을 발간하였으며, 결과물은 관계 문중은 물론 일반인들로부터도 큰 호응을 얻고 있습니다. 이들 시리즈는 종가의 입지조건과 형성과정, 역사, 종가의 의례 및 생활문화, 건축문화, 종손과 종부의 일상과 가풍의 전승 등을 토대로 하여 일반인들이 쉽고 재미있게 읽을 수 있는 교양서 형태의 책자 및 영상물(DVD)로 제작되었습니다. 철저한 현장조사를 바탕으로 하여 관련 분야 전문가들이 집필함으로써 알차게 내용을 꾸미는 한편, 개별 종가의 특징을 부각시키고자 노력하였습니다.

이러한 노력으로, 금년에는 **『성주 야계 송희규 종가』**, **『안동 성재 금난수 종가』**, **『봉화 팔오헌 김성구 종가』**, **『문경 청대 권상일 종가』** 등 4곳의 종가를 대상으로 시리즈 4권을 발간하게 되었습니다. 앞으로도 계속하여 도내 100개 종가를 목표로 연차 추진해 나갈 계획입니다. 이러한 시도는 종가 관련 자료의 축적을 통해 종가문화 보존 및 활용을 위한 기초자료를 제공함은 물론, 일반인들에게 우리 전통문화의 소중함과 우수성을 알리는 데 크게 도움이 될 것입니다.

한국의 종가는 수백 년에 걸쳐 지역 사회의 구심점이자 전통문화의 상징으로서 그 역할을 묵묵히 수행해 왔습니다. 최근 유교적 가치와 문화에 대한 재조명이 활발히 이루어지고 있습니다. 그 중심에는 전통문화를 올곧이 지켜 온 종문의 숨은 저력이 있었음을 기억해야 할 것입니다. 이러한 전통의 계승은 오늘날 경북의 정체성 확립은 물론, 미래지향적인 새로운 정신을 찾아 세계적인 정신문화로의 발전으로까지 이어질 수 있을 것이라 확신합니다.

앞으로 경상북도에서는 종가문화에 대한 지속적인 조사·연구 추진과 더불어, 종가의 보존관리 및 활용방안을 모색하는 데 적극 노력해 나갈 것을 약속드립니다. 이를 통해 전통문화를 소중히 지켜 오신 종손·종부님들의 자긍심을 고취시키고, 나아가 전국의 종가를 연계하는 종가문화 네트워크 구축과 더불어 종가문화를 세계적인 명품 브랜드로 육성해 나갈 계획입니다.

끝으로 이 사업을 위해 애쓰신 이영호 경북대학교 영남문화연구원장님과 연구책임자이신 정우락 교수님을 비롯한 여러 연구원 여러분, 그리고 집필자분들의 노고에 진심으로 감사드립니다. 아울러, 각별한 관심을 갖고 적극적으로 협조해 주신 종손·종부님께도 감사의 말씀을 드립니다.

2019년 6월

경상북도지사 이 철 우

지·은·이·의 말

영남지역만큼 유교문화 경관이 많이 남아 있는 곳도 드물다. 조선시대 추로지향鄒魯之鄕의 별칭이 아직까지도 건재함을 과시하는 듯하다. 이 책에서 소개한 문경의 청대淸臺 권상일權相一(1679-1759) 종가가 있는 문경시 산북면 역시 몇 발자국만 떼어도 바로 서원, 정자, 묘소 등이 곳곳에 산적해 있는 유교문화의 보고寶庫와 같은 지역이다. 청대 권상일이 구곡을 경영하고자 했던 금천의 아름다운 풍광과 정취는 산업단지와 공장 건설로 조금은 퇴색되어 있지만 여전히 천변 가까이 남아 있는 정자와 누대 등은 그 옛날의 영화를 떠올리기에 충분하다.

청대 권상일은 안동권씨 부정공파 5대 지파 중 하나인 청대종가의 현조顯祖이다. 청대종가는 안동의 본거지에서 예천으로 이거했다가 다시 문경의 근암에 터를 잡아 오늘에 이르렀는데, 조선 후기 안동·상주 일대를 대표하는 사족 집안 중 하나였다.

오늘날에는 17-18세기를 살았던 청대 권상일을 조선시대 역사에 큰 획을 그은 중요한 인물로 평가하지는 않는다. 그러나 그것은 통시적인 해석일 뿐이다. 그는 분명 특별한 사람이었다. 영남의 남인으로서는 60년 만에 당상관의 지위에까지 올랐다든가, 서원에 배향될 정도로 학덕이 높았다는 것만으로는 그를 제대로 평가했다고 할 수 없다. 당상관에 오른 것도 그가 남보다 자신을 드러내고자 권력에 집착하며 정쟁에 앞장섰기 때문은 아니었다. 오히려 그는 권력과는 동떨어진 순박한 시골 선비였고, 그저 자기 업무에 충실한 관료였을 뿐이다. 그저 맡은 바에 충실했던 청대는 몸담았던 곳곳에 아름다운 자취를 남겼다. 한눈에 선명하게 드러나는 그런 공적은 아니지만 마치 오랜 시간 흙이 켜켜이 쌓이고 쌓여 돌이 되고 바위가 되듯이, 오랜 시간 주추柱礎가 될 만한 그런 자취들이었다. 굳이 드러내지 않아도 그의 학문적 식견과 담박한 철학적 고견은 왕의 신뢰와 기대감을 높였다. 그는 이런 상황을 자신의 요행으로 삼지 않았다. 그는 왕과 백성을 위한 직언을 아끼지 않았고, 지방수령의 외직에 임하여서는 지역민이 자신들의 정체성을 찾고 지역발전의 근간이 될 수 있도록 읍지를 만들고 서원 기능을 재건하는 등 교육 기틀을 다져 놓았다. 관직에서 물러난 뒤에는 동계와 동회 등 향촌의 교화를 위해 힘썼고 죽기 직전까지도 인근 서원의 틀을 세우고 후학들을 가르치면서 성리학자로서의 뜻을 펼치고자 했다.

그러나 개인적으로는 당대의 재난에 그대로 맞서야 했던 고단한 삶을 살았다. 가족들의 잇따른 죽음, 종손으로서 대가 끊기는 흉덕凶德을 인내로 다스려야 했던 팔십 평생이었다. 청대의 행적과 삶은 그의 문집과 그가 거의 평생에 걸쳐 써 내려간 일기에 그대로 남아 있다. 『청대일록』이라 이름한 그의 일기는 18세기 초·중반의 영남과 조선사회, 즉 안동·예천·영주·상주·문경 등 경북 중·북부를 아우르는 지역을 배경으로 당대 유림들의 생생한 삶과 학문적 의지뿐 아니라, 당대 중앙 관료들의 생활까지 살펴볼 수 있는 귀중한 자료다. 우리는 이 일기를 통해 그의 인간적인 고뇌와 삶의 역경을 이겨내는 남다른 지혜도 읽어 낼 수 있다.

청대종가는 대대로 혁혁한 재상을 지내지도 않았고 엄청난 부를 축적한 재력 있는 집안도 아니었다. 그럼에도 권상일은 권력이나 재력에 뜻을 낭비하지 않았고 날마다 농부가 하늘을 걱정하듯이 똑같은 마음으로 매일매일 농사를 돌보며 책을 읽는 가난한 선비로 지냈다. 그럼에도 항상 바른 태도와 곧은 의지를 다지며 살고자, 옳고 그름을 분명히 했고, 나아갈 때와 물러나야 할 때를 알았으며, 항상 자신을 채찍질하며 돌아보기를 게을리하지 않았다. 그의 자손들도 모두 그의 뜻을 이어 과거보다는 위기지학爲己之學, 즉 자신의 수양을 위한 학문에 힘쓰며 살아왔다.

결국 청대종가는 근·현대의 변화하는 세상에도 발 빠르게 순응하지 않았다. 오히려 불의에 저항하며 전통을 지키고자 하였다. 일찍이 선조들이 대대로 실리를 추구하는 삶을 살지 않았기에 종가의 살림살이는 점점 더 옹색해지기만 하였다. 현대를 살아야 하는 후손들에게 조상 봉사와 문중 살림은 부담이 되기도 했다. 이런 와중에 400년 종가의 자취를 그대로 간직한 종택은 사라졌고, 종택이 사라지면서 그 오랜 시간 켜켜이 간직했던 문적도 이제 일부만 남아 있을 뿐이다. 종가문화의 화려한 건축과 다양한 내림음식문화, 독특한 격식의 의례문화를 기대했던 독자라면 다소 실망할지도 모르겠다. 그러나 청대 권상일의 삶과 지향, 그리고 그의 뜻을 이은 후손들의 의기義氣라는 무형의 종가유산을 발견하려는 독자에게는 이 책이 의미 있을 것이다.

이 책을 읽는 독자들은 권상일의 삶과 그 후손들의 면면을 보면서, 어쩌면 영남 대부분의 종가들이 앞으로 겪거나 이미 겪을 수밖에 없었던 현실적인 문제를 생각해 볼 수 있을 것이다. 종가문화 보전을 종가의 후손들에게만 강요할 수는 없는 시대가 된 지 오래다. 영남지역은 종택과 사우 등과 같은 유형문화 자산이 많은 탓에 조금 더디 느껴질 뿐이다. 앞으로 종가문화의 다양한 요소들을 어떻게 계승·발전시킬 것인지는 종가 내외에서 더 많은 공론화를 통해 답을 찾을 수 있을 것으로 보인다.

끝으로 누구보다 자랑스러운 선조의 후손임에도 그럴 듯한 외형이 없다는 사실 때문에 선뜻 나서기를 망설였던 종가의 후손분들께 심심한 감사를 표한다. 책을 준비하는 과정에서 갑작스런 문의와 자료 부탁에도 적극적으로 도와주신 문경시청의 엄원식 님, 문경 옛길박물관의 여운황 님께도 진심으로 감사의 말씀을 전하고 싶다. 그 외에도 문경국학연구회의 신후식 님, 한국국학진흥원의 자료팀, 태사묘 사진을 제공해 주신 안동시 사진작가 윤태하 님과 그간 수고해 준 경북대 영남문화연구원의 연구원 분들, 출판부 관계자 분들께도 감사인사를 드린다.

2019년 6월

원보영

문경 청대 권상일 종가

목 차

축간사 _003

지은이의 말 _006

1 종가의 입지 조건과 형성 과정 _013

1 인문지리적 환경 _014

2 입향과 종가의 계보 _025

3 유교문화 경관 _037

2 종가의 역사 _053

1 불천위, 청대 권상일의 삶과 학문 _054

2 안동, 영주, 예천, 상주, 문경을 아우르는 족적—학맥과 혼맥 _122

3 종가의 후손들 _130

3 종가의 유물과 유적 _141

1 문적과 유품 _145

2 건축 및 유적지 _168

4 종가의 생활문화와 가풍의 계승 _177

1 종가의 무형 자산 _178

2 제례 문화 _181

3 종가의 인적·물적 유지 기반과 학덕 계승 노력 _187

참고문헌 _194

제 1 장

종가의 입지 조건과 형성 과정

종가의 입지 조건과
형성 과정

1 인문지리적 환경

문경을 떠올리면 곧 새재, 조령鳥嶺이 생각나듯이, 문경은 높은 산과 고개가 발달한 도시이다. 기쁜 소식을 알려 준다는 '문경聞慶'이라는 이름 그대로, 예나 지금이나 산길을 휘돌면 바로 서울로 통하는 길이 있고, 물줄기를 따라가면 영남의 곳곳과 연결되는 요지要地가 바로 이곳이다.

청대 권상일이 나고 자란 문경시 산북면 서중리로 가는 여정은 수도권 쪽에서 출발하면 옛 문경현의 읍치 지역을 휘돌아 바로 접어들게 되지만, 영남의 남쪽에서는 옛 상주목의 본고을과 함창을 지나 강원도 태백만큼이나 석탄산업이 활발했던 점촌의 도시화된 풍경을 제일 먼저 만나게 된다. 시내에서 산 아래 펼쳐

금천과 마을 모습

진 들판과 멀리 개천을 끼고 돌아가는 길을 따라가다 보면 말 그대로 배산임수의, 보기에도 훤한 한 마을이 나타난다. 제일 먼저 눈에 들어오는 것은 들판과 한적한 농가들과는 다소 엇갈리는 서원의 위용인데, 한말 훼철 이전까지 문경·상주·함창 등 인근 유림들의 중심지였던 근암서원이다. 근암서원은 2010년 완전히 복설된 뒤, 서중리의 이정표이자 랜드마크가 되어 낯선 이들을 제일 먼저 맞이하고 있다.

마을 북쪽에는 1,000m의 위용을 자랑하는 운달산과 사불산, 공덕산, 그리고 멀리 천주봉이 병풍처럼 버티고 있고, 마을 바로 뒤에는 군자봉이 유려하게 감싸다가 월봉산 줄기와 맞닿아 있다. 또 그 건너 현리에는 근암近嵒이라는 이름을 내준 나지막한 근품산이 보인다. 마을 앞에는 그 옛날 나루터가 번성했던 금천이 아직 건재하다는 듯 메마른 습지 틈에서 가느다란 물줄기를 반짝거린다. 금천은 문경 중북부의 대미산에서 발원해 경천댐에 잠시 머물다 대하리·대상리를 거쳐 흘러온 물길로, 영순면 아래에서 낙동강과 만난다. 그 옛날엔 경상 좌·우 각지를 연결하는 고마운 물길이 아닐 수 없었다. 마을에서 금천이 흐르는 길을 따라 남쪽으로 다시 30분쯤 천천히 가다 보면 권상일이 말년을 보냈던 구곡의 중심지, 농청대弄淸臺(농청정)가 있다. 권상일이 농청대의 난간에 기대어 지긋이 바라보았을 조선시대 산양장터는 지금의 산양면 소재지로, 농청대에서 1km 거리에 있다.

지금은 다소 외진 농촌 마을이라고 생각할지 모르지만, 권상일 생전에 서중리는 상주의 다른 지역을 거쳐 예천, 안동에 다다르는 낙동강 줄기의 연결 통로였다. 한 달에 서너 차례 산양장이 열릴 때면 수많은 행인과 상인들이 금천나루를 건넜다. 과거를 보러 가는 선비들이 조령을 넘기 전이나 금천나루를 건너기 전에 일부러 걸음을 돌려 명유名儒의 집에 들러 인사하기를 마다하지 않았고, 향유鄕儒들이 결집해야만 하는 중요한 사안이 있을 때는 100여 명이 넘는 유생들이 모여들어 북적이던 곳이었다. 평소에는 한적하고 조용하여 서원 선비들의 책 읽는 소리만 들렸을지 모르지만, 때때로 장꾼들과 유생들이 오가는 번잡함을 겪었던 그런 동네였다.

김룡사

대승사 일주문

이중환은 『택리지』에서 가거지로 계거溪居보다는 강거江居, 강거보다는 해거海居를 손꼽았다. 그러나 이는 교통과 조운의 측면, 즉 유통경제를 기준으로 보면 그렇다는 것이고, 오히려 평상시 살 곳으로는 시냇가에 사는 계거가 제일 낫다고 했다. 권상일의 증조 권구權坵가 이곳 산북면 서중리에 자리를 잡은 것도 바로 이와 같은 선견에서 판단한 것이 아니었을까.

산북면 서중리는 밀양박씨 일파가 제일 먼저 들어와 서원 아래에 자리를 잡았고, 그다음에 권상일의 증조가 고조 권익린權益隣과 함께 입향하였다. 그 뒤 권상일의 조부 권이칭權以偁의 친구였던 안동김씨 김해金楷가 안동 풍산에서 대도촌(대하리)으로 이주했다가, 다시 또 이곳으로 옮겨와 서중리 가장 위쪽에 터를 잡고, 보가리保家里라 칭하였다. 한편 서중리의 가운데 부분에 자리를 잡은 안동권씨 일문은 금천 건너 현리에 있는 근품산近品山의 이름을 따와 그곳을 근암近嵓이라 칭하였다. 서중리書中里라는 이름처럼 "글을 읽지 않아도 학자가 나온다."라는 말이 구전하는 이곳은 인근 지역 문풍文風의 중심지이자 내로라하는 현조들의 자취가 있는 곳이기에 마을 주민들의 자긍심도 크다.

권상일 역시 근암촌 주변의 아름다운 풍경에 감탄해 마지않았다. 그는 1709년에 조부의 친구이자 인근 마을 안동김씨 가의 큰 어른인 부훤당 김해가 이전 해에 지은 「근암촌 12경」 시에 차운하여 근암촌 주변의 풍경을 다음과 같이 읊었다.

근암촌 12경

학가산의 가을달[鶴駕秋月]

신선은 학을 타고 푸른 하늘에 오르고,	仙人鶴駕上靑天
천고의 빈산엔 밝은 달만 남았네.	千古空山有明月
가을이 되어 맑은 빛 다시 가득하니,	秋來更覺淸光多
나의 가슴에 비춰 주어 갑자기 후련해지네.	照我胷中頓快豁

곰바위의 봄꽃[熊岩春花]

층층바위 지붕 같기도 하고 소라 같기도 한데,	層岩如屋復如螺
한 가닥 오솔길 십 척 벼랑에 희미하게 나 있네.	一逕微通十尺崖
바위 사이 늙은 나무 나이를 모르나,	岩間老樹不知歲
2월 봄바람에 온갖 꽃이 피어나네.	二月春風開雜花

천주산으로 돌아가는 구름[天柱歸雲]

한 개 기둥 찌를 듯이 하늘을 나누려 하니,	一柱撑天勢欲分
고고한 기상 부끄럽게 뭇 봉우리와 겨루랴.	孤高耻與衆峰群
세상 사람 산속의 길 알지 못하여,	世人不識山中路
석양에 홀로 떠가는 구름만 바라보네.	惟見斜陽獨去雲

월악산의 낙조[月岳返照]

월악산 가파르게 하늘 서쪽에 솟아,	月岳嵯峨在天西
지는 해 걸어 두어 햇살 감추지 않네.	掛留斜日不藏曜

천지가 모두 아득한 속으로 들어가도, 乾坤盡入蒼茫中
반쪽의 산얼굴 스스로 비추네. 一半山顔惟自照

금곡의 나무꾼 노래[金谷樵歌]

나무꾼 아이들 일제히 노래하며 산언덕 나오니, 樵兒齊唱出山阿
금곡에선 취한 뒤에 부르는 노래인가 여기네. 金谷疑聞醉後歌
노랫소리 무심하나 들어 보니 의미 있으니, 歌是無心聞有意
그중에 누가 잘 부르나 우열을 물어보세. 箇中優劣問如何

견탄의 고기잡이 등불[犬灘漁火]

아득히 어두운 빛 강촌에 깔려 드니, 蒼茫暝色入江村
무슨 일로 어옹은 저리 바쁠까. 何事漁翁亦不暇
이끼 낀 낚시터에 잠 깨어 그물 거두니, 苔磯睡起收魚網
달 없는 빈 물가의 한 점 등불만 깜빡이네. 無月空汀一點火

현촌의 저녁연기[縣村夕烟]

한 줄기 실바람 저녁연기 끌어가니, 一縷微風引暮烟
산빛과 물빛이 갑절 더 아름다움을 겨루네. 山光水色倍爭姸
갑자기 흩어져 평평한 숲빛 이루어, 忽然散作平林色
수많은 촌락에 은은히 비추어 주네. 萬落千村隱映邊

서낭당의 아침노을[城隍朝霞]

천년의 짤막한 성첩 산언덕으로 변했고, 千年短堞廢山阿

태평성대에 쌓아 전란을 몰랐네. 生際治平不見戈
한 줄기 노을 때때로 바위 아래에서 피어오르니, 一抹時從嵒下起
해 돋자 적성의 그 노을인가 싶네. 日明疑是赤城霞

도평의 농사 구경[道坪觀稼]

앞 들판에 걸어 나가 늦벼를 살펴보니, 步出前郊省晩禾
한 해의 가을빛이 온 들에 가득하네. 一年秋色滿田野
나라를 근심하여 풍년을 바랄 뿐이지, 只緣憂國願年豊
번지처럼 농사 배우려는 뜻은 아니라네. 不是樊遲將學稼

금계의 비단 빨래[錦溪浣紗]

시냇물 속에 거꾸로 비친 꽃 한 송이, 溪心倒影一枝花
백옥 같은 고운 손으로 푸른 비단 다루네. 白玉纖纖弄碧紗
수많은 촌 아가씨 날마다 와 모이니, 無數村娥日來聚
그중에 월나라 아가씨 누구일까. 其中越女有誰耶

서원 뒤의 큰 소나무[院後長松]

고고한 자태 대부송 되기 부끄럽겠지, 孤高耻作大夫松
서원 가까이 자라나 모습 바꾸지 않네. 生近明宮不變容
때때로 맑은 소리 현송과 어우러지니, 時有淸聲弦誦和
마치 금과 옥이 서로 연마하는 것 같네. 怳如金玉自相攻

문경새재 주흘관

시냇가의 수양버들 [溪邊垂柳]

지나는 사람 날마다 휘어잡지 못하게 하여, 不遣行人日日攀
봄바람에 두 그루 버들 갓 자라났네. 春風新長二株柳
누가 도연명의 집에 잘못 비교하였겠지. 阿誰錯比淵明居
어찌하여 오류 선생은 지금 없는가. 何許先生今不有

『청대일기』 1709년 1월 25일(『청대집』 권4 시詩)

조선시대에 경상도는 낙동강을 기준으로 경상좌도와 경상우도로 나뉘었는데, 문경현은 우도 북부 지역에 속해 있었다. 오늘날 문경시와 예천시, 그리고 상주시의 지역 경계는 조선시대와는 차이가 있다. 지금의 산북면을 북서쪽으로 감싸고 있는 운달산을 비롯해 군자봉·월봉산 등을 경계로 산 너머 서쪽이 문경현이었고, 산북면의 동북과 동남쪽 일부와 산양면·영순면·동로면 등지는 예천현이었으며, 산북면과 서남간 방면은 모두 상주목의 본 고을에 속해 있었다. 옛 문경현은 북으로는 주흘산과 조령, 남으로는 견탄, 서로는 가은현을 속현으로 하고 있는 지역이었다. 오늘날의 문경읍이 읍치 자리였고, 문경시청이 있는 점촌 시내를 비롯해 가은면·농암면 지역을 포함했다.

오늘날의 산북면은 문경시의 동북부에 위치한 면으로 동쪽은 동로면과 예천군 유천면, 서쪽은 문경읍·마성면·호계면, 남쪽은 산양면, 북쪽은 문경읍·동로면과 접해 있다. 소백산맥 남쪽 사면에 위치한 산간지역으로 금천이 남북 방향으로 흐르며, 남쪽 산지에 좁은 평지를 형성하고 있다. 조선시대 상주목 산북면과 예천군 화장면 지역을 합친 '산북'이라는 지명은 새가 날고 있는 것처럼 생겼다고 하는 비조산의 북쪽에 위치하고 있어 붙여진 이름이라고 한다. 『여지도서』의 상주편에 산북면은 관문으로부터 99리 떨어져 있다고 기록되어 있고, 「해동지도」에는 상주목 읍치의 위쪽 끝에 표시되어 있다. 1914년에 현재 산북면의 지리적 관할이 구획되었고, 1986년에는 문경군, 1995년에는 문경시에 속하여 현재에 이르고 있다.

멀리는 수도 한양, 가까이는 충청도와 경기도에 면해 있던 상주목은 서울·충청 각지 문사들과의 교류가 용이했고, 각지 물산의 통로가 되는 지역이면서 넓은 들을 소유하고 있어 경제적으로도 풍요로운 땅이었다. 안동 다음은 상주라 할 만큼 조선시대 상주목은 낙동강 상류의 큰 고을로, 학문적인 역량은 물론이고 높은 관직으로 가문을 빛낸 유력 성씨들 집안이 즐비했다. 인근에 알려진 명유 집안으로는, 멀리 안동 예안의 이황과 임하의 김성일, 하회의 류성룡이 있었다면, 인근의 상주목에는 우복 정경세·창석 이준이 있었고, 상주 서쪽 화령에는 노수신, 동쪽에는 인동의 여헌 장현광이 있었다. 멀리 남쪽의 선산은 "조선 인재의 반은 영남에 있고, 영남 인재의 반은 일선一善에 있다."라는 말이 있듯이 뛰어난 문사들이 많았던 지역이다.

권상일의 선조들은 안동에서 17세기에 근암으로 들어와 상주목의 대표 가문 중 하나가 되었고, 가까운 용궁·예천, 그리고 원래의 세거지인 안동권씨 대종중이 있는 안동의 사족들과 교유하였다. 근암서원은 인근 유생과 사족들의 강학과 집회의 장소였으며, 상주목의 도남서원, 안동의 도산서원, 경주의 옥산서원, 군위의 남계서원 등 주변의 영남지역 서원에서 통문으로 알리는 현안들을 의논하고 결정하는 거점 서원이었다.

종가의 입지 조건과
형성 과정

2 입향과 종가의 계보

권상일이 형조참의의 관직에 몸담고 있던 1747년 어느 날이었다. 영조는 여러 신하들에게 족보에 대해서 하문하였다. 너도나도 대답을 하니, 많아야 네댓 권이요, 보통은 두세 권을 말하였는데, 권상일은 안동권씨의 족보가 17권이라고 답했다. 영조가 놀라워하며 하문하기를, "어떻게 그렇게 많은가?" 하니, 당시 비국의 유사당상이던 김상로가 권씨는 모두 안동을 본관으로 하여 국내의 큰 성씨가 되었기 때문이고, 김씨·이씨·박씨 등이 수적으로는 권씨보다 많으나 각기 본관이 다르기 때문에 족보의 수는 많지 않다고 답했다. 이에 여러 신하들이 안동권씨의 시조 권행權幸과 삼태사의 사적史蹟을 언급하자, 권상일은 "신의 시조가

안동 태사묘

종국이 망하는 것을 원통해하고 견훤이 역란을 일으킨 것을 분하게 여겨서 고려에 병사를 보태어 복수하려는 계책을 썼기 때문에 이와 같이 창의하여 귀부한 것이옵니다."라고 답했다.

권상일의 답변 그대로, 안동권씨의 시조인 권행은 본성이 김金씨로 신라의 대성大姓이었고, 신라 말기에 고창군수古昌郡守(현 안동시 와룡면)로 있었다. 그때에 견훤甄萱이 신라에 침입하여 신라 왕을 시해弑害하였는데, 행幸이 대중들과 도모하여 견훤에 대항하고 왕건에 귀부歸附하였다. 고려 태조가 "행幸은 기미幾微에 밝고 권도權道에 통달하였다."라고 하며, 권權씨 성을 내려 주었다. 그리고 안동군安東郡을 승격하여 부府로 삼고 식읍토록 하였으며, 뜻을 함께한 토호인 김선평·장정필과 더불어 태사삼중대광아부공신太師三重大匡亞父功臣에 임명했다. 안동부민들은 이들 세 사람의 위덕을 기리기 위하여 태사묘라는 사당을 세워 제사를 드렸는데, 훼손과 복구가 반복되며 오늘에 이르고 있다. 태사묘는 세 성씨들의 자긍심일 뿐 아니라 안동 전체의 뿌리가 되는 역사적 산물로, 2017년에는 안동민속박물관에서 '안동 태사묘'를 주제로 한 기획전시가 열리기도 하였다. 참으로 공교로운 것이 권상일 일가가 터전을 잡고 이름을 따온 근품산은 현리 마을의 뒷산으로 해발 252.8m이며, 산 위에 신라 때 축성된 근품성이 있다. 신라 경애왕 4년(927) 봄에 고려 태조가 이 성을 점령했는데, 같은 해 가을에 후백제의 견훤이 탈환하여 불사르고 고울부(영천 지방)를 거쳐 서라벌을 공격하여 포석정에서 경애왕을 침으로써 신라가 멸망하는 계기가 되었다고 전한다. 권행 등 안동의 삼태사가 맞서 싸운 견훤의 전진기지이자 출발점이 다름 아닌 근품산인 것이다. 어쩌면 이곳 서중리에 뿌리를 두게 된 것도 이 집안의 운명이 아니었을까.

이처럼 권상일의 뿌리는 안동에 있었고 그의 증조가 상주로 이거하면서 오늘날의 문경 사람이 되었다. 그는 『청대일록』에서 시조와 대종중에 관한 일도 늘 눈여겨 살피고 있었는데, 1721년 3월 23일 자 일기에서는 같은 달 16일에 안동에서 일어난 큰 화재로 400여 채가 소실되었으나 다행히 태사묘만 비껴간 내용을 쓴 뒤, "자손들로서는 경축하고 다행스러움을 더욱 말할 수 없다."라고 감회를 피력하였다.

권상일 종가는 안동권씨 부정공파의 지파로, 시조 권행의 직계 8세손인 호장공 이여利輿의 제5자 취정就正의 장자인 통의通義가 고려의 식록부정에 이르면서 부정공파의 파조가 되었다. 통의의 5세손 장자인 덕생德生은 복야공파 준의 사위가 되며, 그의 아들 자형子衡이 공민왕 때 공을 세워 안동 와룡면 가야리 늪실[눌곡]의 전답 10결과 사산四山 10리를 사패지로 받음으로써 안동 와룡면 가야리의 늪실, 눌곡종가의 터전을 마련하였다. 부정공파의 또 다른 지파를 형성한 덕생의 아우인 백종의 장자는 다름 아닌 조선 문종의 장인이 되는 전專이다. 그는 문종 비 현덕왕후와 사육신의 화를 입은 자신自愼의 부친이다. 사육신의 참화 당시, 눌곡의 종가 역시 풍기로 이거했다가 임진왜란 이후 다시 원래의 자리로 되돌아왔다고 한다. 권상일은 1711년 어느 날, 사육신에 대해 회자되는 시를 듣고 차운한 시를 남겼다.

들으니 영월寧越 육신六臣 사당에 어떤 시인이 시를 지어 읊었는데, 사람들의 입에 오르내리기에 차운한다.

세상에 우러러볼 사람 다하여 드무나,	世盡瞻星星
사람들 신발과 두건은 분별할 줄 아네.	人能辨屨巾
처량한 옛 사당에,	凄涼一古廟
늠연한 곧은 육신.	凜洌六貞臣
높은 산 구름 자취 없고,	喬岳雲無跡
황폐한 언덕의 풀은 봄이 없네.	荒原草不春

깨끗한 풍도 고죽국의 아들,
천년 뒤에 다시 이 사람일세.

清風孤竹子
千載更斯人

『청대일기』 1711년 1월 28일

1734년(영조 10)에 사헌부장령으로 서울에서 관직에 몸담고 있을 때였다. 임금의 행차를 호위하여 노량진을 지날 때 사육신의 무덤과 마주하였다. 그러나 임금의 행차 중이라 차마 말에서 내리지는 못하고 말 위에서나마 몸을 숙여 공경의 뜻을 표하고 지나간 일이 있었다. 일기에는 "노량진 남쪽 강기슭 수십 보쯤에 작은 산기슭이 있는데 어가가 이곳을 경유하여 길을 잡았다. 그 옆 몇 보쯤에 사육신의 무덤이 있는데 계체階砌(무덤 앞에 놓는 편평하고 길쭉하게 다듬은 돌)가 없어서 어린아이의 무덤과 같았다."라고 하면서 『미수기언眉叟記言』에 있는 사육신의 무덤에 대한 글을 옮겨 적었다. 5년 후인 1739년 8월에는 풍기·순흥 일대를 순회하면서 순흥 태장 지역의 선조 선영과 소수서원 등을 방문하였는데, 이때 마을 사람들로부터 순흥도호부 혁파의 원인이 된 단종 복위운동의 진행 과정과 실패에 대한 자세한 이야기를 듣기도 하였다.

권상일 직계의 부정공파 선조들은 고려 시기에는 이렇다 할 관운을 보이지 않았다. 그러다가 조선시대 세조 때에 이르러 부정공파 6세손 자형의 증손인 징이 문명을 날렸고 관료로서도 승승장구했다. 권징은 15세기 북평사 재직 시 '이시애의 난'을 맞닥뜨리게 되는데, 결국은 반란군에 맞서다 자결하고 말았다. 세조는 그의 기개를 기려 눌곡 감마촌 일대의 사방 10리를 사패지로 하사하였다. 이로써 눌곡 대종가의 경제적인 기반은 더욱 공고해지게 되었다. 그러나 권징 사후에 남은 것은 비단 경제적인 기반뿐만이 아니었다. 시신조차 수습하지 못하였기에 죽기 전에 남긴 혈서와 옷소매를 징표로 삼아 묘를 쓰게 되었는데, 이러한 사실은 종가 대대로 의기意氣를 상징하는 정신적인 기반이 되었다.

권징 이후 갑성에 이어 엽의 차자인 12세손 생원 대기大器(1523–1587)와 13세 우宇에 이르러 이계종가의 틀이 완성되었다. 권우의 아들이 곧 권상일의 고조부 익린이다. 엽의 장자인 생원 위기偉器와 차자 대기, 그리고 대기의 아들 우가 모두 퇴계 이황을 사사했고, 장자 위기의 장손 익창益昌(1562–1645)은 김성일과 류성룡의 문하를 거쳐 월천 조목의 문인으로 활동하였다. 익창은 눌곡종가의 건축을 완성하였다. 이로써 권상일의 7대조 이래 근 100년 가까이 영남 남인으로서의 학맥을 이어 왔고 정치적인 입장도 같이하게 된 것이다.

대기는 4남 5녀를 두었는데, 그의 아들들이 부정공파 각 지파의 중시조가 된다. 종자 송소 권우權宇(1552–1590)는 척분이 있었던 퇴계에게 『주역』을 사사하고, 월천 문하에서 수학하였으며, 생원임에도 오직 학행만으로 왕자사부王子師傅에 이르렀다. 그러나 한양 임지에 간 그 이듬해, 문명文名만을 남기고 그만 요절하고 말았다. 안동 이계(이상리)에는 송소종택이 남아 있다. 대기의 차자로 관직이 별좌別坐에 이른 굉宏은 정묘호란 때의 공으로 원종공신에 올라 삼세三世가 다 증직贈職이 되었다. 차자들은 모두 임하면에 터를 잡았는데, 3자가 한강 정구를 사사한 이우당 권환이다. 또 예안의 면진재 금응훈은 사위 중 한 사람이다.

장자 권우는 5남 1녀를 두었고 그중 4자가 익린益隣(1583-1659)으로 바로 권상일의 고조부이다. 권익린의 자는 인재隣哉이고, 호는 금곡琴谷이며, 사호賜號는 대명옹大明翁이다. 부친 권우의 급서急逝로 가학이 끊기는 듯했으나 재종형인 익창에게서 다시 학업을 계속했다. 여헌旅軒 장현광張顯光의 문인으로 활동했고, 생원에 합격했으나 벼슬에 나아가지 않았으며, 병자호란으로 국치를 당하자 태백산에 들어가 은거하였다. 이때 종숙인 권굉도 태백산 진봉 아래인 안동 길안면 용계리에 은거했다고 하는데 비분강개의 뜻을 같이했던 것 같다. 권익린은 이 시기 청음 김상헌과 시를 주고받으며 마음을 나누었다고 한다. 인조가 누차 출사를 권유했으나 응하지 않았고, 이에 명나라를 기린다는 의미의 '대명옹'을 사호로 내렸다. 유고로 『금곡집琴谷集』이 있다. 권상일은 1739년 7월에, "고조부와 증조부의 두 대 유고가 이리저리 흩어져 있어 근래에 수정해 하나의 책으로 합쳤다."라고 일기에 기록하고 있다.

권익린의 배는 순흥안씨로 군수 경빈의 자손인 명남의 따님인데 4남 3녀를 두었다. 권익린은 처가의 농장을 경영하기 위해 안동 이계리에서 예천 지금곡(현 예천 유천면 지역)으로 이거하였다. 권익린의 장자 구坵(1611-1682)의 자는 차산次山이며, 별채의 당호였던 구학재溝壑齋를 호로 삼았다. 예천 지금곡에서 태어나 1651년

사마시를 통과하여 4대 연속 문한文翰의 가계 전통을 이어 갔다. 부모님의 명령으로 힘써 과거를 준비했으나 애초 벼슬에는 뜻이 없었다. 산북 초곡에 별업이 있어 그곳에 집을 짓고 장재藏齋라 이름한 뒤, 가솔을 이끌고 1659년에 이거하였다. 이거하던 해 12월에, 부 익린에 이어 모친 안씨를 잃고 지금의 산북면 내화리인 예천 화장면 추동에 안장하니, 서중리 안동권씨 가의 가장 대표적인 유택인 추동 선영이 마련된 것이었다. 삼형제와 함께 부모님의 3년상을 마치고 1666년에 근암촌에 터를 마련해 집을 옮기고, 집 뒤의 산곡 간에 별서別墅를 지어 구학재溝壑齋라 하였다. '구학溝壑'이란 『맹자』「등문공」 편에 나오는 말로 '자신의 신념을 지키다가 구덩이에 객사하더라도 한스럽게 여기지 않는다.'는 것을 의미한다. 아마도 선조 권징의 의로운 죽음에 대한 의리를 말함이 아니겠는가. 권구의 배는 경주이씨 장령掌令 익瀷의 따님인데, 장인인 간옹 이익(1579-1624)의 처부는 임란 시 문경 현감으로 결사 항전했던 신길원申吉元이다. 친족, 외족을 막론하고 혈맥에 구학의 의리가 흐르는 집안임에는 틀림이 없는 것 같다. 권상일은 문집에 「서외선조현감신공묘지명후書外先祖縣監申公墓誌銘後」라는 글을 남겼는데, 도암 이재李縡가 쓴 묘지명 중에 누락된 부분을 보충하여 외선조의 명예를 바로잡고자 하였다. 신길원은 문경현 관아에서 왜병을 맞아 오른팔을 베이면서도 막아서며, 새재로 가는 길을 끝내 답하지 않고 순절하였다. 이는 당시 널리 알려진 송상현에 못지않은 의거임에도 그 사실이 알려지지 않았고

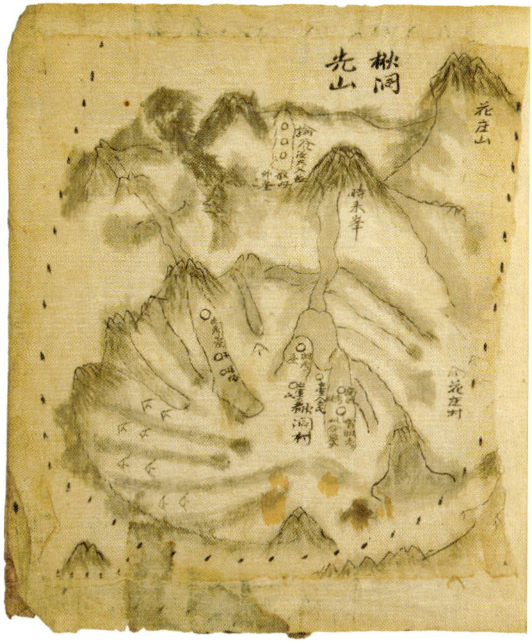

『청대일록』에 있는 추동 선영 그림(한국국학진흥원 소장)

『징비록』에도 실리지 않았다. 권상일은 이러한 사실을 안타까워하면서, 훗날의 고증을 위해 글을 남긴다고 밝히고 있다.

권구는 대하리 황시간의 외손자인 활재活齋 이구李榘(1613–1654)와 교분이 두터웠는데, 전염병이 유행하는 중임에도 와병 중이었던 활재를 돌보기를 주저하지 않았다고 전한다. 권구는 활재의 아들인 이주만을 사위로 삼았다. 권상일 당대에는 내재종형제간이었던 활재의 증손 이국춘李國春(1692–1754)과 인척관계를 넘어 문우로서의 친분을 평생 이어 갔다.

권구는 3남 1녀를 두었는데, 장자는 권상일의 조부가 되는 이칭以偁(1633–1694)이다. 권이칭의 자는 응물應物이고 이조참판에 추증되었다. 어려서는 조부가 있는 예천 지금곡에 왕래하며 수학하였고 수십 년을 홀로 계신 부친을 힘써 공양하였다. 배는 예천 권씨 국주의 따님이었고, 3남 7녀를 두었다. 권이칭은 보가리의 부훤당 김해와 평생의 친우로 지냈는데, 이칭이 먼저 세상을 떠나자, 김해는 그를 그리워하는 마음을 담아 시를 남겼다.

권응물 이칭 망후 분매이재인가 감이작 부용전운

權應物(以偁)亡後盆梅移在隣家感而作復用前韻

예전 익숙했던 눈으로 어찌 이 매화를 대하랴.	舊眼那敢對此梅
외로운 혼령 그윽한 향기 따라 왔을 터이니.	孤魂應遂暗香來
꽃은 세사에 치인 사람 보듬어 주듯 하건만,	如花世事傷人抱
성긴 가지 어루만질 뿐 가꾸지 못함 한스럽네.	獨撫寒枝恨不栽

김해, 『부훤당집負暄堂集』 권1

권이칭의 장자가 권상일의 부친 권심權深(1654–1729)이다. 권상일은 권심 슬하의 하나뿐인 아들이자 근암 안동권씨 가의 종손이었다. 중부 소瀟는 일찍 작고하였다. 계부 한澣은 사촌인 긍재 권상룡(1706–1765)의 부친이다. 권상룡은 문과에 급제하여 벼슬이 사헌부장령에 이르렀으나 권상일의 사후인 1762년(영조 38), 당파갈등에 결국 사도세자가 뒤주에 갇혀 죽는 임오화변壬午禍變이

안동권씨 세계도(청대 근암 부정공파 계보)

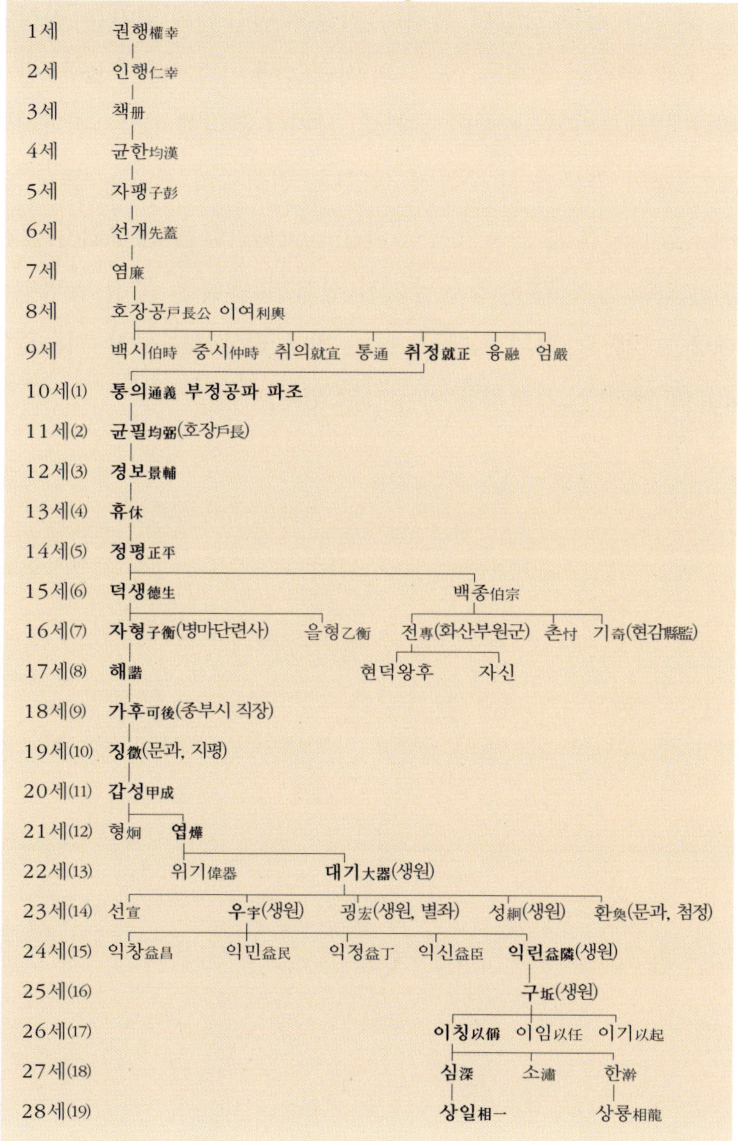

일어나자 벼슬을 버리고 고향에 은거하였다.

권구가 터를 닦았던 산북 근암촌의 안동권씨 일가는 권상일의 조부 이칭의 형제들, 또 그의 아들들에 이르기까지 높은 관직이나 권세보다는 초막의 농부로 살지언정 나를 닦는 위기지학爲己之學의 학문을 추구하며 살았다. 권상일의 선조는 물론 당대, 그리고 그 후손들까지도 의기나 학행만큼은 남부럽지 않은 집안으로 살아왔다. 오늘날까지 산북면은 물론 문경 안팎에서 대명옹 익린과 그의 형제들 자손, 청대 권상일의 근암 지손들이 400년 가까이 그 뿌리를 이어 가고 있다.

종가의 입지 조건과
형성 과정

3 유교문화 경관

산북면은 운달산, 사불산과 같은 큰 산과 그 아래의 작은 산들을 등지고 있다. 또 금천의 수계를 따라 시내를 마주보는 양편으로는 농지와 마을이 발달해 있는데, 이곳에는 과거의 영화를 지닌 채 오랜 세월을 견디어 낸 자취들이 지금도 곳곳에 남아 있다. 근암서원과 같은 유교문화 경관뿐 아니라, 김룡사·대승사의 사찰과 소속 암자 그리고 과거 존재했던 절터 등과 같은 주변의 불교문화 경관, 동제당 등과 같은 민속문화 경관 등이 바로 그것인데, 이 중에는 이미 문화재로 지정된 것도 21건이나 된다.

주암정

유교문화 경관만 보더라도 조선시대에 산북에 처음 입향한 사족으로 우곡리와 이곡리에 터를 잡았던 단양우씨의 유택과 재사가 현전한다. 내화리에는 인동장씨 장말손과 처향을 따라 들어온 반남박씨 박인량이 거주했고, 대하리에는 상주에서 예천 용궁을 거쳐 입향한 장수황씨 황정과 그의 후손들이 살고 있어, 고택을 비롯한 정자 등의 경관이 남아 있다.

또 서중리에는 임진왜란 이후 밀양박씨, 안동권씨가 각각 서원마을과 근암촌에 들어왔고, 안동에서 대하리를 거쳐 서중리로 옮겨온 안동김씨 가가 보가리 마을을 구성하였다. 그리고 대하리 외가에서 살았던 전주이씨 활재 이구의 후손이 웅창으로 이거하였는데, 웅창마을이 서중리에 편입되면서 전주이씨는 서중리의 대표 성씨 중 하나가 되었다. 그 외에 산북면의 대표적인 사족 가문으로는 이천서씨·상산김씨·평해황씨·김녕김씨·영월엄씨·예천임씨·강릉최씨·경주이씨, 그리고 서중리 건너 현리에 집성촌을 이루고 있는 인천채씨 등이 있다. 이들이 남긴 자취는 오늘날 산북면의 유교문화 경관으로 남아 있는데, 대하리의 장수황씨 종택, 내화리의 선성김씨 종택 등과 17세기에 지은 우곡리 채헌의 석문정, 내화리 지남 김남일의 산수정, 현리 인천채씨 문중의 우암정 등이 그 대표적인 예이다. 그뿐만이 아니다. 산북면에는 후손들이 선조들을 기리기 위해 세운 누樓, 대臺, 정亭, 충·효·열 비각, 묘표 등의 금석문과 각자문, 재사와 사당이 곳곳에 산재해 있다. 또 조선시대 교육시설이었던 근암서원, 웅연서원 등과 같은 서원과 서당교육을 담당했던 내화리 북계서당 터 등도 확인된다.

서중리 안팎의 안동권씨 청대종가의 문화경관을 크게 구분하면 먼저 일상생활과 휴게 공간인 종택과 정자, 선조 추원追遠을 위한 재사와 사당·분묘, 인근 선비들과 함께 강학과 정치적인 입장을 결기했던 서당과 서원, 사족 간 또는 사족과 향민 간의 결속을 위한 계회나 향회 등이 이루어졌던 수계소가 있다. 이 중 훼철과 소실된 것을 다시 옛 모습으로 재현한 근암서원과 농청대 그리고 영조의 어필을 보관하기 위해 지은 어서각 등이 현전하고 있다. 그러나 권상일의 묘소는 원래 자리에서 다른 곳으로 천장하였고, 재사와 사당은 종택과 함께 규모가 축소되었다.

또 수계소는 옛터의 자취로만 과거의 영화를 가늠해 볼 수 있을 뿐이다. 여러 경관 중 다른 것은 다음 장에서 다루기로 하고, 여기에서는 근암서원과 서당에 남은 권상일의 자취를 찾아보도록 하겠다.

1) 근암서원

권상일이 75세 되던 1754년 윤4월 중순이었다. 목사가 친히 아전을 보내 편지를 건네주었는데, "더 더워지기 전에 온 고을의 유사를 도남서원에 모아서 강론을 하려 한다."라는 내용이었다. 권상일은 답신을 통해 몸도 편치 않은 데다 안질까지 더해져 멀리 움직이기는 힘들다는 뜻을 밝히고, 강회 장소를 근암서원으로 바꾸어 달라고 양해를 구했다. 목사는 권상일의 뜻을 받아들여 장소 변경을 허락하였고, 근암서원 원임들이 모여 5월 17일 강회 날짜를 정하여 관아에서 내린 체문에 따라 유생이 소재한 면의 서당에 통문을 발송하고 또 각 개인에게 편지를 보냈다. 강회 당일 온 고을 유생들이 몰려들었는데, 상주목사는 강회 전날 인근에 있는 산양창 창사倉舍에서 묵고는 강회 당일 아침 서원에 도착하였다. 권상일의 주도로 강회가 시작되자 『대학』 한 부를 유생 10명이 차례로 돌아가며 읽었고, 각 유생들에게 뜻을 묻되, 의문이 나는 곳은 질문 항목을 만들어 각자 견해를 시지에 써 답하게 하였다. 강회는 3일에 걸쳐 진행되었으며, 『대학』과 마찬가지로 『근사록』의 일부도 강회 교재로 활용되었다. 목사는 서원에서 2박 3일을 묵고 3일째 되던 저녁에 다시 관아로 돌아갔다.

18세기 서원 강회의 모습은 대략 이러했다. 중심 교재를 함께 읽으며 토론하고 좌장에게 되묻는 것이 오늘날의 세미나와 별반 다르지 않음을 알 수 있다. 권상일이 기록한 근암서원의 강회 풍경은 서원의 대표적인 기능 중 하나인 교육기관으로서의 역할을 보여 준다. 서원이라는 공간은 강회 외에도 인근 유림들의 취회聚會를 위한 곳이어서 평시에는 일상적인 모임과 숙박의 장소이기도 했고, 현실 정치와 사회에 대한 유림들의 입장을 하소하기 위해 머리를 맞대고 유소儒疏를 작성하는 장소이기도 했다. 권상일의 20-30대 때 일기에는 유소에 관한 내용이 자주 목격되는데, 유림들의 소청疏廳으로 도남서원이나 근암서원이 주로 활용되었고 소를 작성하기 위해 100여 인이 모여들기도 했다. 서원은 또 국상 때 관아의 곡반哭班 장소에 미처 가지 못하는 유림들을 위한 거점 장소로도 활용되었다. 1757년(영조 33) 2월과 3월에 각각 영조의 정비 정성왕후와 왕대비 인원왕후가 승하해 두 차례의 국상을 치를 때, 다른 유림들은 상주 관아의 내곡반에 나아가 참석했으나 늙고 병든 권상일은 관아까지 가기엔 역부족이었다. 예조의 의주儀註와 예방 아전의 고목이 온 뒤에, 다음날 규례대로 근암서원 앞뜰로 나아가 성복하였는데 같이 모인 유생이 60여 인이었다.

서원은 지역 유생들의 교육과 결사를 위한 공간이기도 했지만 유생들의 모범이 되는 선현들을 배향하여 그들의 학덕을 추모하고 계승하는 것이 조선시대 서원의 가장 대표적인 기능이었다. 근암서원은 서원의 면모를 갖추기 시작한 초기에 우암寓庵 홍언충洪彦忠(1473–1508)·한음漢陰 이덕형李德馨(1561–1613)을 배향하였고, 18세기 들어 사담沙潭 김홍민金弘敏(1540–1594)·목재木齋 홍여하洪汝河(1621–1678)·활재活齋 이구李榘(1613–1654)·식산息山 이만부李萬敷(1664–1732), 그리고 청대淸臺 권상일權相一(1679–1759)을 추배한 서원이다. 홍여하와 이구는 권상일의 증조 대부터 교유하였고, 이만부는 권상일이 '식산어른'이라 칭하며 교유하던 성리학자였다.

영남지역의 대읍인 상주목 본읍에 맨 처음 세워진 서원은 도남서원이다. 근암서원보다는 근 60년 앞선다. 근암서원은 1664년에 창설되어 1669년에 서원 승인을 받았다. 두 서원 외에도 흥암서원 등이 있었다.

근암서원의 역사는 16세기 때 서당에서 시작되었다. 산북면에 입향한 사족들은 어느 정도 정착한 이후, 각 동족별로 족계를 만들었다. 그들은 종가와 사당을 축수하는 한편, 서당과 학계를 창설해 사족들의 지지기반을 확보하고자 하였다. 마침 1552년, 상주목사로 부임한 영천자靈川子 신잠申潛(1491–1554)의 학문 장려와 상주목 18개 면의 서당 건립이라는 정치적 입장과 때를 같이 했기 때문에, 일은 보다 더 수월할 수 있었다. 그리하여 산북면에 처음 세운 서당이 1554년 웅창마을에 세워진 죽림서당이다. 옛 영원사 터에 세운 죽림서당은 원래 그 자리에 세워져 있던 수계소의 부설 건물이었다. 웅창마을은 금천을 사이에 두고 현리와 마주하고 있는 곳으로, 마을 주변에는 수계소와 현의 창고 건물인 산양창이 있었다.

죽림서당과 수계소는 1592년에 임진왜란을 겪으며 훼손되었다가 17세기에 다시 복원되었다. 이때 수계소는 원래 자리에 존치하였으나, 서당은 1615년에 황시간과 고인계의 주도로 지금의 근암서원 자리인 수개곡으로 옮겨 개축하였고, 명칭 또한 근암서당으로 바뀌었다. 이후 황시간의 손자이자 권구의 사돈이었던 활재 이구 등이 주도하여 이 고장 출신으로 갑자사화甲子士禍에 피화되었던 우암 홍언충의 사당을 건설하기로 논의하였고, 1665년(현종 6) 관의 허가를 받아 우암을 사당에 배향하였다. 그 후 4년 뒤인 1669년(현종 10)에는 한음 이덕형을 추배하였는데, 이때 예조의 허가를 받아 서원書院으로 승원陞院되었다. 1693년에 김홍민과 홍여하를 추가로 배향하였다. 1729년(영조 5)에는 명륜당이 중수되었으며, 1786년에는 이구·이만부·권상일을 또한 추배하였다.

근암서원은 흥선대원군의 서원철폐령에 따라 1868년(고종 5)에 훼철되었다가, 1982년에 후손들과 유림들에 의해 복원되었다. 하지만 기와집 한 채와 경현사의 사당 한 채만 복원되어 그 규모가 남루하였다. 이에 지역 유림들의 자발적 모금과 시청의 협조로 2011년 복설되었고, 서원에 보관되어 있던 유물들은 문화재로 지정되어 옛 면모를 되찾았다. 이후 근암서원은 권상일이 지향했던 대로 전통문화체험, 한자교육, 인문학 아카데미 등 다양한 교육 프

근암서원 강당

로그램을 시행하고 있다. 향사일은 음력 3월 초해일初亥日이다. 원래는 3월 상정일上丁日이었으나, 복원 이후부터는 초해일에 지낸다.

복설된 근암서원에는 모두 10개 동의 건물이 있는데, 명칭은 권상일 당대와 크게 달라지지 않았다. 이를 열거하면 다음과 같다.

- 경현사景賢祠 - 7현을 배향하는 사당
- 전사청典祀廳 - 제례에 쓰일 음식을 준비하는 곳
- 내삼문內三門 - 사당 영역과 강당 영역을 구분하는 문
- 근암서원近嵒書院 - 서원의 강학 공간
- 전교당典敎堂 - 행사 시 원장 및 헌관들이 주로 사용하던 공간

- 주일재主一齋 - 아직 서당이었을 무렵 만든 공간, 현전하지 않는다.
- 욕인재欲仁齋 - 동재, 유생들의 기숙 공간
- 유의재喩義齋 - 서재, 유생들의 기숙 공간
- 지원루知遠樓 - 2층 누각

권상일은 서원과 관련된 여러 가지 사안에 대해 당시 교유하던 죽애 오상원, 식산 이만부, 간서 이국춘 등과 늘 함께 고민하였다. 죽애와 식산 두 사람과 함께 원래 전하던 학규 초안을 증손增損하였는데, 두 사람은 1732년과 1733년에 모두 운명을 달리하였고, 권상일 홀로 일을 마무리해 1733년 말에 완성하게 된다. 그의 문집 『청대집』에는 「근원학규발近院學規跋」이라 하여 학규를 제정하는 과정이 자세히 전한다. 이보다 앞선 1724년에는 근암서원의 편액이 낡아 다시 새기는 작업을 관장하였는데, 건물의 이름을 정하고 다시 쓰는 데에 이만부가 참여하였다. 그 과정이 일기에 자세히 남아 있다.

'근암서□近嵒書□'[*일기 원문에 누락된 그대로 살렸다.] 넉 자는 본래 서당이었을 당시 원진해元震海가 썼는데, 서원으로 승격된 다음에 조시호曺時虎 공이 '당堂' 자를 '원院' 자로 고쳐 썼다. 그러나 '근암서近嵒書' 석 자와 글자체가 전혀 다르게 되었기 때문에 조공曺公의 옛 글자를 새롭게 고치는 것이 옳을 듯하다. 동재東齋는 욕인재欲仁齋, 서재西齋는 유의재喩義齋, 문루門樓는 지원문知遠門이라고 하였는데, 다 식산 어른이 스스로 정하고 스스로 쓴 것이다.

『청대일기』 1724년 10월 21일

서원에 대한 권상일의 행보는 일찍이 퇴계 이황이 서원제도의 필요성으로 제시한, '도학을 천명하고 밝히기 위한 곳'이라는 원론에 충실한 입장이었다. 이는 서원을 중심으로 유림의 학문과 정치적인 입장을 정리한다든가, 사림의 교육활동을 강화하는 데 더 중점을 두어야 한다는 것으로 나타났다. 그는 서원과 서당의 쓰임을 명확히 구분하기도 했다.

> … 근래 학궁學宮에 선비를 기르는 법이 다 없어져서 강학講學 한 가지만 가망이 없는 것이 아니라, 과문科文을 권장하는 것도 폐지되었다. 그래서 우리 면에서 이번에 비로소 시도하여 보는 것이다. 그런데 서원은 강학을, 서당은 과문을 위주로 하는 것이 좋을 듯하다.
>
> 『청대일기』 1723년 5월 2일

권상일은 서원에서는 원론적인 학문 활동에 충실할 것을 주장하였고, 스스로도 각 서원의 강회에 적극적으로 참여하는 모습을 보였다. 그는 서원 강회에 모인 유생들에게 『맹자孟子』와 『잠부론潛夫論』에 있는 '규구준승規矩準繩'의 네 글자를 좌우명으로 삼아야 한다고 이야기했다. '규구준승'의 '규規'는 원을 그리는 컴퍼스, '구矩'는 네모를 그리는 곡척, '준準'은 수평을 재는 수준기, '승繩'은 직선을 그리는 먹줄을 의미한다. 모든 일을 '규구준승'에 부합하도록 하면 큰 실수나 잘못이 없을 것이라는 말이다. 권상일이 서원 활동에 대해 남긴 글은 공부에 대한 그의 태도를 보여 주는 일례라 할 수 있을 것이다.

1 근암서원 향사 집사분정 | 2 근암서원 향사 진설
3 근암서원 향사 초헌례 | 4 근암서원 향사 종헌례

2) 서당

근암서원의 전신이라 할 수 있는 근암서당의 원래 명칭은 죽림서당이다. 죽림서당의 작명 취지는 부훤당負暄堂 김해金諧(1633-1716)가 지은 「영빈서당이설기穎濱書堂移設記」에 "산양의 죽림이란 뜻을 취하였다."라고 설명되어 있다. 죽림칠현 중 한 사람인 혜강嵇康(223-262)은 중국 산양 출신이었는데, 그의 출신지와 이름이 똑같은 '산양'에 세워진 서당이기 때문에 '죽림'이라는 이름을 붙였다는 것이다.

수개곡 자리에서 처음 창설된 근암서원이 명실상부 공인된 서원으로서 위상과 규모가 커지게 됨에 따라, 서원과 함께 있던 근암서당(옛 죽림서당)은 다시 예전에 위치해 있던 자리인 수계소 옆으로 되돌아갈 수밖에 없었다. 그러다 보니 과거와 같은, 즉 수계소와 서당이라는 서로 다른 기능을 가진 기관이 같은 장소에 있기 때문에 발생했던 문제점이 또다시 반복되었다. 결국 1687년에 산양면 반곡리 남쪽의 영강천 부근에 터를 잡고 서당을 세우니, 그것이 오늘날에도 그 자취가 남아 있는 영빈서당이다. 김해의 「영빈서당이설기」에서 당시의 사정을 확인할 수 있다.

> … 그러나 서당과 수계소는 서로 이름의 의미가 다르고 하는 일도 마땅히 다른 까닭에 지금에 와서는 서로 지장을 주고 있다. 서당은 서당 일을 할 수 없고, 수계소는 수계소 일을 할 수 없게 되어 결국 유명무실한 집에 지나지 않게 된 것이다. 여기에 지세의 경사가 심하고 집터가 협소하여 예전의 선배들이 답답해했던 것이 지금도 여전히 같은 형세이다. 근자에 우리 두서너 명이 비로소 이 서당을 옮기기로 의론하고, 온 현을 두루 돌아다녀 보았으나 마땅한 곳이 없었다. 마침 사인士人 정미중(정지걸의 자)이 자신의 집을 판다고 하였으니, 기와집이 십가十架이고 초가집이 다섯 칸이라 가히 온 현의 고을 선비들을 능히 수용할 만한 집이었다. 터 또한 고산孤山의 왼쪽 영수潁水 물가에 있어 가히 고인들의 숭고한 뜻과 은거하던 풍교風敎를 보고 상상할 만하였다. 그리고 선비들이 학문을 닦고 쉬는 장소로 적합하기에 논밭과 곡식 수십 석을 추렴하여 그 집을 샀다. … 이에 이름을 영빈서당潁濱書堂이라 하고 전에 하던 관리인들이 옮겨와서 잘 정돈하였다. …
>
> 「영빈서당이설기潁濱書堂移設記」(김해, 『부훤당집負暄堂集』 권3)

영빈서당

서원 못지않게 서당도 당대 선비들에게는 중요한 공간이었다. 서당은 문우 동료들이나 후학들과 강학과 과거공부를 위해 거접하는 곳이기도 했고, 유림들이 모여 정사를 의논하거나 문학을 나누는 곳이기도 했다. 더불어 오고 가는 길에 들러 잠시 쉬거나 숙박을 하기도 했다. 권상일에게 서당은 젊은 시절에는 출사를 위해 거접하던 수학 공간이었고, 벼슬을 그만둔 뒤에는 서당의 재임을 맡아 보며 동몽들의 학습과 후학들의 과문을 지도하는 교수 공간이었다. 1732년 일기에 "영빈서당潁濱書堂에 가서 사직소를 올렸다."라고 쓰여 있어, 그의 서당 재임 시기를 알 수 있다. 또 그 당시 영빈서당을 새로 중수하여서 서당 훈장이 권상일에게 중수기를 청했다는 기록이 있고, 그 내용이 문집에도 전한다. 또한 1726년에는 현재의 산북면 거산리에 세운 반계서당이 화재로 소실되어 이듬해 다시 복설공사를 하게 되었는데, 권상일은 이에 대해 기록한 중수기를 지었다. 내화리의 북계서당에 대해 쓴 「북계서당기北溪書堂記」 역시 권상일이 가졌던 이 지역 교육공간에 대한 깊은 관심을 보여 준다.

… 이 서당은 세워진 지 50년 가까이 되었는데 지금에서야 마루와 방이 넓어지고 규모가 조금 갖추어졌다. 또한 그윽하고 빼어난 땅을 차지하여 세속의 시끄러움을 크게 벗어나게 되었으니 이곳에서 거처하는 선비들은 마음이 고요해져 화려함을 동경하는 상념이 없어질 것이요, 전일하게 공부하여 외물에 마음을 빼앗기는 근심이 없을 것이다. 조정에서 이미 기송記誦과 사장詞章으로 인재를 고르니 과거공부를 완전히 폐할 수는 없겠지만 근본은 오로지 심성을 함양하는 데 있다. 경전을 읽고 익히는 것에 참된 힘을 쏟아서 성현이 되는 것을 기약해야 한다. 굳고 독실하게 뜻을 세워 남들이 100번 노력한다면 나는 1,000번을 노력한다는 마음을 가져서 잠시라도 그만두거나 소홀히 하지 않는다면 저절로 마음에서 얻은 것이 있을 것이다. 이것이 밖으로 드러나면 문장이 되는데 의리에 막힘이 없고 정밀하며 여유로울 것이니, 이런 공부를 바탕으로 과거에 응시한다면 성공하지 못하는 경우가 없을 것이다.

이 동네가 비록 외진 구석에 있지만, 초간 권 공이 어렸을 적부터 오가면서 공부하던 곳이다. 지남 김 공 형제와 여러 어진 이들이 이곳에서 나서 자랐고, 함께 빛나고 아름다웠으며, 평화로운 시대에 여러 관직을 두루 거쳤다. 그 남은 기풍과 운치가 사람들의 이목에 찬란하게 있으니, 후인들이 법으로 삼고 힘써야 할 것이 어찌 여기에 있지 않겠는가.

하물며 산은 우뚝하여 변하지 않고 물은 흘러 쉬지 아니하며, 길게 자란 대나무와 낙락장송이 서리와 눈발을 이기고 변함없이 푸르게 눈앞에 펼쳐서 있음에랴. 자신에게서 구하고 뜻을 세우며 덕업에 나아가는 방법이 모두 이 서당에서 나온 것이니, 우리의 참된 공부가 자신을 완성하고 남에게 징험된다. 물러나서 집안에 있을 때는 어버이께 효도하고 어른을 공경하는 도리를 다하며, 나아가서 조정에 벼슬할 때는 임금을 성군으로 인도하여 백성이 은택을 입는 공효를 본받아야 한다. 그렇게 한 뒤에라야 돌아가신 어른들께서 마음과 힘을 다하여 후인들을 위하여 이 서당을 지은 뜻을 저버리지 않을 수 있을 것이다. 이로써 서당의 여러 군자가 함께 힘쓰고 또 무궁한 후세들에게 보여 주고자 할 뿐이다. …

「북계서당기」(『청대집』 권11, 『산북면지』 참조)

제2장
종가의 역사

종가의
역사

1 불천위, 청대 권상일의 삶과 학문

1) 권상일의 일생과 당대의 정치·사회적 양상

상주목 읍지인 『상산지』(병오초책)에는 권상일에 대한 인물평이 다음과 같이 기록되어 있다. "학문과 실천이라는 면에서 모두 독실하고 정밀하였다. 청렴할 뿐 아니라 곧음을 지켜 수차례 임금의 은혜와 표창을 받고 부제학과 대사헌에 임명되었으나 나아가지 않고 세상을 떠났다. 벼슬은 지중추부사에 이르렀다."

1759년 7월 11일, 81세를 일기로 권상일이 졸하였다. 뒤늦게 사망 소식을 들은 영조는 예조좌랑을 예관으로 보내 제사를 지내게 하고, 불천위不遷位로 모실 것을 명하였다. 왕도 그의 죽음을 안타까워했던 것이다. 장례에는 당대의 유사 400여 명이 참석하여 그를 추모했다. 정조조에 내린 시호는 희정공이다. 권상일은 이조참의와 부제학이라는 관직에 올랐는데, 번암樊巖 채제공蔡濟恭이 시장諡狀에 적어 올린 것처럼, 이와 같은 관직에 영남 출신 관료가 임명된 것은 60여 년 만의 일이었다. 오로지 인품과 학문만으로 영조로부터 특제特除를 받은 것이다. 정2품 지중추부사, 기로소耆老所 입록이라는 공직자의 지위, 혈식군자血食君子의 반열에 오를 만한 학덕과 품격을 갖춘 학자의 영예로운 삶이었다. 그러나 권상일의 삶은 그것만으로는 설명되지 않는다.

그의 80년 삶은 참으로 지난至難했다. 19세에 첫 혼인을 한 뒤, 30대까지 세 번의 상처를 했다. 그 사이 모친상을 당한 데 이어 조모까지 차례로 세상을 떠났다. 혼자 남은 부친을 모시기 좋은 곳이라 생각했던 만경현 임지에서 아버지를 여의었으며, 복을 벗을 무렵에는 예고도 없이 약관을 겨우 넘긴 아들마저 세상을 버렸다. 아들의 유사遺事를 쓰는 아버지의 심정은 어떠했을지. 주위의 강권으로 불혹이 넘어 곁에 둔 측실도, 그들이 남긴 딸들도 차례로 보냈다. 뒤이어 손자, 며느리도 몇 명이나 그렇게 가 버렸다. 나이 차이가 얼마 나지 않아 형제처럼 지냈던 숙부도, 할머니와 어머니를 대신한 숙모님들까지도, 그렇게 급하게 세상을 버리셨다. 제아무리 타고난 군자라 해도 가족들의 잇따른 죽음에 초연할 수 있는 이가 몇이나 될까. 더군다나 근 100년의 종가 안살림을 건사해 줄 이가 혼자 된 어린 며느리뿐이라니. 말하기 좋아하는 호사가들은 강팍한 인생이라 손가락질을 할 수도 있다.

그러나 권상일이라는 인물을 살펴봄에 있어 후대 사람들이 오해해서는 안 될 사실이 있다. 권상일이 살았던 1679년부터 1759년의 기간은 조선시대 전반을 통틀어 자연재해가 가장 극심했고 더불어 전염병이 맹위를 떨치던 시기였다는 것이다. 마을의 모든 우물이 말라 개울물로 밥을 해야 하는 가뭄이 지속되다가도, 갑자기 집중 호우가 쏟아져 개천이 범람하는 변덕스러운 날씨가 반복되었다. 조선조 최악의 흉년이라 손꼽는 '경신대기근(1670-1671)'을 뛰어넘는 '을병대기근', 즉 을해년(1695)과 병자년(1696)의 양대 흉년이 권상일 생전의 시기에 있었다. 먹이사슬이 깨진 산에서 호랑이가 민가로 내려오기 시작하여 전국 각지에 호환이 들끓었고, 가축들이 전염병에 쓰러지는 우역 또한 끊이지 않았다. 홍역·두창(천연두)·'염병'이 해를 거르지 않았고, '당진'이라는 새로운 병도 생겨 기근으로 면역력이 약해진 인체를 파고들었다. 예방약도 즉효약도 없던 시절, 홍역·두창은 남녀노소, 그 누구도 피해 갈 수 없는 무서운 병이었다. 힘없는 백성들에게는 얼마나 끔찍한 시대였을지 상상조차 하기 어렵다. 누가 감히 그의 운명에 대해 운운하겠는가. 임금이 살고 있는 도성에서는 백성을 위로하는 비망기를 짓고 기우제, 기청제 등 의례적인 수단을 비롯해 의료적인 구휼까지 총동원했다. 하지만 재해를 이겨내기에는 턱없이 부족했으며, 더구나 지방의 구석구석까지는 이마저도 미치지 못했다.

전염병이 유행할 때 민간에서 할 수 있는 일은 병의 조짐이 있는 곳으로부터 멀리 피하는 것이 전부일 수밖에 없었다. 벼슬을 마다하고 귀향한 1738년부터는 거의 매년 집에 온전히 머물러 있을 수 있는 해가 없을 정도였다. 집안에 있다고 해도, 기제사를 지낼 때도 가묘 출입은 물론 신주조차 내오지 못해 지방 제사를 지내야 했다. 그러나 지방 제사라도 지낼 수 있으면 그나마 다행이었고, 제사는커녕 당장 죽은 사람의 빈소조차 집안에 꾸미지 못해 산에 빈소를 마련하는 산빈山殯을 하는 경우도 많았다. 어느 집의, 어느 마을의 발병 소식이 전해질 때마다 보다 멀리 떨어진 곳으로 피해야만 했다. 가족들이 뿔뿔이 흩어져, 관아에서 마련한 피우소를 비롯해 남의 집, 절, 서원 등 임시 거처를 전전했다. 그 와중에 1748년, 집안의 가장 큰 어른이던 계부가 피접 장소에서 병을 얻어 사망하면서, 권상일은 사촌들까지 거두어야 했다. 1755년과 1756년은 흉년과 전염병이 더욱 극에 달해 집집마다 곡소리가 그치지 않을 만큼 최악의 상황이었다. 권상일의 평생에 "설날, 떡을 하는 집이 하나도 없던 때"가 바로 그때였고 나라에서는 금주령까지 내렸다. 그 무렵 그의 가까운 사촌, 육촌, 원근의 친척들 사망이 잇달아 상화喪禍가 극에 달했다. 민생은 나날이 피폐해졌고, 곳곳에 아사자와 병들어 죽은 시신들이 쌓여 갔다.

권상일이 지난한 세월을 보내던 그 시절, 한쪽에서는 사치 풍조가 만연하고 이를 경계하는 장계가 빗발치기도 했다. 그러니 숙종조와 영조조 사회가 빈익빈, 부익부의 양극단을 치달았다고 보는 것도 무리는 아닐 것이다.

당시 정국은 왜란과 호란을 겪고 정변 또한 극심했던 혼란기를 지난 시기였다. 그리고 정치적으로 문화적으로 안정, 발전을 구가한 시기이기도 하다. 그러나 권상일은 정치적으로 중심에서 배제된 남인 가문의 사람이었다. 공교롭게도 권상일이 태어난 그 무렵, 남인에게는 경신대출척庚申大黜陟, 서인에게는 경신환국庚申換局이라 불리는 정권구도 개편이 이루어졌다. 권상일이 과문科文에 힘쓰던 때에 중앙 정계에서는 요직을 차지한 노론과 소론의 맞대결이 항상 중심에 있었다. 따라서 남인이, 더구나 영남의 남인이 관료로서 성공하기란 쉽지 않은 시대였다. 겉으로는 강력한 군주의 치세로 보였던 숙종조는 정치 주도권 다툼이 극심한 때였다. 입으로든 글로든, 말 한마디가 빌미가 되어 비수로 되돌아오는 구화口禍의 시대이며, 출척黜陟과 환국換局이 반복되던 시대였다. 탕평을 정치적인 기조로 삼은 영조조에서도 당파간의 경쟁은 크게 달라지지 않았다. 그런 정계에서 권상일은 남인 출신으로 관료로서도 학자로서도 우뚝 선 것이다. 참으로 대단한 인물이 아닐 수 없다.

그런 시대를 산 권상일이 평생 내우외환의 한가운데에 있었음에도 올곧은 행보를 할 수 있었던 비결은 무엇인가. 그는 마음의 중심을 잃지 않았다. 오늘, 현재의 삶에 더욱 충실을 기했고 최선을 다했다. 오히려 자신보다 힘든 이들을 걱정하고 그들을 도와주려 애썼다. '어리석은 이가 산을 옮긴다.'는 '우공이산愚公移山'의

지혜로 제 할 일을 할 뿐이었다. 힘들게 과거에 입격하고 관직을 제수받아 생활한 지 반 년쯤 되었을 때, 권상일은 사회생활을 어떻게 할 것인가에 관한 생각을 정했다. 서른세 살의 초임자 권상일은 '도회정묵韜晦靜默' 네 글자를 부신符信으로 삼고 더욱 학문에 매진해야겠다고 다짐한다. "재주와 덕망을 감추고 말없이 조용히 있으면서 너무 앞으로 나아가지 않아야"만 자신과 집안을 온전히 보전할 수 있음을 일찌감치 깨닫게 된 것이다.

> 주자朱子의 편지를 읽어 보니 "지금 이미 부득이하게 벼슬길에 나섰지만 오직 재주와 덕망을 감추고 말없이 조용히 있으면서 너무 앞으로 나아가지 않아야 이 세상에서 화를 면할 수 있을 뿐이다. 어쩌다 한 번 불행하게 남에게 알려지기라도 하면 이는 곧 좋은 소식이 아니니다."라는 말이 있다. 이 말은 매우 의미가 있고 우리들의 병통에 꼭 맞는 약이다. 지금 당론이 날로 심해지고 한 종류의 인간들이 조정에 꽉 차 있어서 우리 영남이 더욱 미움과 질시를 받는다. 올여름에 서울에 들어갔을 때, 말은 일 때문에 하는 수 없이 제조들의 집을 두루 다녔는데, 모두 흘겨보며 서로 바라볼 뿐 한 번이라도 편안한 마음으로 대하는 자가 없었으니, 통탄해 한들 또한 어찌하겠는가. 군자가 처신을 함에 있어 결코 머리를 숙이고 몸을 굽혀 가며 스스로 저들의 모욕을 달갑게 받아들일 수는 없다. 그러나 위로는 연로한 어버이를 봉양하는 사람으로서 관례대로 승진하기 마련인 참하參下의 직위라고 하여 사양하고 나아가지 않는 것은 아주 의리가 없는 것 같고, 또한 드세고 과격하여 명성을 좋아하는 사람에 가까운 것 같아서 끝내 동강東崗의 비탈에 편안하게 누울 수 없을 것이니, 아주 사람을 답답하게 한다. 마땅히 '도회정묵韜晦靜默' 네 글자를 부신符信으로 삼아 띠에 적는 것을 대신해야 할 것이다.

또 조치도趙致道가 정자程子가 말한 '벼슬살이는 사람의 뜻을 빼앗는다.'는 말뜻을 물은 데에 대해 주자가 편지로 답하여 "논한 바의 '뜻을 빼앗는다.'는 설은 옳습니다. 만약 이것을 구제하려 한다면 당연히 일을 좇아 성찰하고 그 경중을 살펴야 합니다. 그러나 기미가 드러나는 사이에도 아주 광채가 나게 해야 합니다."라는 말이 있으니, 이 말도 마땅히 가슴에 새겨야 하나, 단지 나에게 있어서 실제로 마음속으로 얻는 균형이 없어서 중심이 일정하지 않다면 그 경중도 어찌 정밀하고 자세하게 살필 수 있겠는가. 아! 나 같은 만학도야말로 힘써 노력하고, 격려하고 분발하여 남이 백 번에 해내면 나는 천 번에라도 해내는 공부를 해야 하지 않겠는가. 알고도 여전히 그럭저럭 흐느적거리며 놀면서 세월만 보내니, 두렵지 아니한가.

『청대일기』 1711년 11월 1일

그렇게 그는 관직의 영예보다는 손에서 책을 놓지 않는 학자로서의 삶을 지향하기로 한다. 『주역』에 '물이유취物以類聚'라는 말이 있듯이, 그가 고향에서 늘 함께한 식산息山 이만부李萬敷(1664-1732), 죽애竹厓 오상원吳尙遠도 벼슬을 뒤로한 채, 처사를 자처한 학자들이라는 점을 보더라도 권상일이 지향했던 바를 짐작할 수 있다. 그는 평생 독서하고 농사를 돌보며 살림을 꾸려 나갔다. 고관대작과 권력을 목표로 서로 다른 생각을 앞세우며 나아가 쟁변하는 것을 좋아하지 않았고, 안으로 덕행을 쌓기 위한 노력에 정진했다. 누구보다 상념에 깊이 빠질 수 있는 개인사를 가졌음에도 불구하고 평생 술을 가까이하지 않았으며 손님을 사례하는 데 그칠 뿐이었다.

권상일이 스스로에 대한 경계를 늦추지 않고 매일의 일상을 반추하기 위한 도구는 다름 아닌 일기였다. 1758년(영조 34) 1월 1

일의 일기에서 권상일은 "내가 무인년(1698)부터 일기를 써서 올해가 60년이 되는 해이니, 이 또한 기이한 일이다."라고 하며 자기 자신조차 놀라워했다. 그가 남긴 『청대일록靑臺日錄』의 방대한 분량만 보아도 권상일이라는 한 인간의 우직함과 성실함을 엿볼 수 있다. 그런데 후손들이 일기를 엮을 당시에는 아마도 가내에 보관되어 있는 일기가 사망하던 해의 두어 달치 분량뿐이었던 것으로 보인다.

> 우리 할아버지의 일기는 무인년(1698)부터 돌아가시기 10일 전까지 썼다고 기록되어 있으나, 이 권은 다만 기묘년(1759) 두어 달만 기록되어 있고, 그 나머지는 달과 날을 다 고찰할 수 없으니, 혹시 다른 책에 옮겨 기록하였다가 잃어버린 것이 아닌가 싶다. 일기는 모두 30여 권으로 여러 집에 흩어져 있으니, 일일이 찾아내어 후손에게 전하여 준다면 선조께서 손수 쓴 필적 및 전후의 사적이 볼수록 더 새로워져서 당일에 선조를 추모하고 감모感慕하는 마음이 이 한 권을 마저 읽고 나서 더욱 절실해질 것이다. 감히 공경하지 않을 수 있겠는가.
>
> 『청대일기』 1759년 2월 14일 자 후미의 발문

다행히 후대의 연구자들이 나머지 일기들을 발굴함으로써 후손들의 말대로 사망 10일 전인 1759년 7월 1일의 일기가 마지막 일기임을 알 수 있게 되었다. 권상일은 쓰러지기 직전까지 붓을 놓지 않았던 것이다. 60년을 올곧이 기록한 일기는, 당대의 정치·사회·문화에 이르기까지 다양한 분야의 사료가 될 수 있는 귀중한 자료이다. 또한 이 일기를 통해 당대의 명유名儒 권상일의 내

『청대선생문집』 목판(한국국학진흥원 소장)

면과 그가 후손들을 위해 남기려고 했던 유산이 무엇인가를 가늠해 볼 수 있다.

2) 수학 과정과 관료적·학자적 면면

권상일의 수학 과정은 20세부터 시작한 일기와 문집에 전하는 연보나 일화를 통해 추정할 수 있다. 그는 어려서부터 대단한 독서력의 소유자였으며, 아홉 살 때 조부가 운자韻字를 주니, 바로 차운次韻하여 답할 정도로 명석했다. 7세 때인 1685년(숙종 11)에 본격적으로 책을 읽기 시작하여 『사략史略』 7권을 모두 읽었고, 13세 때까지는 사서삼경의 주요 경전들을 모두 독파했다. 22세 때 옛 성현들의 독서와 수양에 관한 글을 모아 『학지록學知錄』을 저술하였다는 기록만 보아도 학문과 삶의 요체의 방향성을

20대 초반에 이미 정립했음을 알 수 있다. 과거 준비를 위해 익히 읽은 경전들을 계속 반복하여 읽고 되새기며 암기하였다. 또 선현들의 문집을 읽고 문우들과 함께 토론하였으며, 시詩와 부賦 등을 제술한 뒤에는 꼭 쓴 글의 제목을 기록해 두었다.

권상일이 벼슬길에 나아가기 위해 준비한 과정은 치열했다. 과문을 함께 준비하는 사람들이 모여 숙식하며 공부하는 것을 거접居接이라 했는데, 현전 일기의 처음인 1702년, 그가 24세이던 무렵부터 수시로 거접에 참여했다. 사정이 있어 이틀 만에 귀가하는 경우도 있었지만, 거의 열흘 이상 한 달 가까이를 거접 장소에서 지내고 왔는데, 이러한 거접 횟수는 연 2–3회에 달했다. 그야말로 요즈음의 고시원 생활이나 기숙학원을 떠올리게 한다. 거접 장소는 가까이로는 마을 인근의 영빈서당이나 근암서원·수계소가 있었고, 대승사·김룡사 등 사찰도 자주 이용하였다. 조금 멀리로는 영주의 이산서원, 용궁향교와 상주향교, 문경의 오정사, 예안의 성천사 등도 거접 장소였다. 때로는 그의 부친과 숙부, 계부도 함께하였다. 당시 과거공부는 나이와 상관이 없었다. 권상일에게 척숙인 황창술은 81세, 권계응은 79세에 과거에 입격해 관직을 제수받았다. 그러니 그의 부친과 숙부들이 함께 공부하고 시험장에 드나들었다 해도 조금도 이상한 일이 아니었던 것이다.

선조의 공적으로 음관을 제수받거나 뛰어난 학행으로 관료들이 추천하지 않는 이상, 관직에 나아가는 유일한 방법이었던 과거는 사대부가의 자손 누구에게나 지상과제였다. 물론 처사를 자처하며 아예 과거에 뜻을 두지 않고 평생 학문에만 매진하는 경우도 있었지만 일반적으로는 모두 과거 입격이 목표였다. 때문에 과거 부정사건도 심심치 않게 일어났다. 1710년 5월, 증광시에서는 답안지를 서로 똑같이 베껴 쓴 부정행위가 적발되어 그때 함께 시험을 본 권상일이 크게 분노하기도 하였다. 이런 까닭에 시관과 시험자의 상피相避도 철저해서 시험을 보러 갔다가 시관이 친척이라 시험장에 들어가지도 못하고 돌아오는 경우도 있었다.

권상일에게는 가세를 일으켜야 한다는 의무감이 있었고, 그것은 과거를 통해서만 가능하다는 점을 직시하고 있었기에 스스로를 채찍질하며 과거 준비에 매진했다. 그렇게 20대까지의 시간을 온전히 소비하고 나서 32세가 되어서야 문과에 입격했다. 과거가 다소 늦어진 것은 그 사이 외조부(1705년)에 이어 초취初娶 선성김씨(1706년)까지 두 차례의 큰 상사를 겪었기 때문이다. 과거 입격 후에 열린 '도문연'이라는 과거급제 잔치는 "원근의 사람들이 구름같이 모여 두 집이 찌그러지고 나무 두 그루가 꺾여 넘어졌다."라고 기록되어 있을 정도로 집안과 지역의 큰 경사였다. 도문연이 끝난 뒤에는 선조의 유택을 비롯해 일가친척을 방문해 인사하는 데에만 석 달이 소요되었다. 그리고 그해 10월, 첫 관직인 승문원 권지부정자權知副正字가 되어 굴욕적인 면신례를 경험하였다. 그는 "머리를 숙이고 욕됨을 참으며 면신례를 치렀다."라는 이황의 말을 떠올리며, 관행으로 굳어진 신입의례에 허탈함을 느꼈다.

관직에 임해 반년을 보내고 나서는 회의감과 고향에 대한 향수에 잠기게 되었다. 지방에서 홀로 한양에 올라와 하숙을 하며 지내야 했기 때문에 여러 가지 불편함도 많았다. 그러나 관행이나 일상의 불편함보다는 사회생활의 처신 문제나 업무 시스템의 불합리함과 같은 실질적인 문제에 부딪치면서 벼슬살이에 대한 근본적인 회의를 느낀 듯하다. 그리고 마침내 학문에 매진해야 한다는 사실을 직시하게 되었다.

> 새벽에 승문원 서리가 와서 "지난 밤중에 비망기備忘記를 내리시어, '극서를 고쳐 쓰는 일은 불과 한나절에 마칠 일거리인데, 날이 저물어서야 비로소 들이어 경고更鼓가 장차 절반이나 울리고서야 안보安寶하고, 입계 또한 지체되었으니, 태만한 습관이 아주 놀랍다. 승문원의 해당 관원을 파직하고 해당 승지도 검칙을 못한 잘못을 면하지 못할 것이니 추고하라.'고 하셨사옵니다."라고 하였다. 땀이 나도록 두려움이 지극하여 견딜 수 없다. 이는 '광光' 자를 고쳐 쓰는 일로, 승문원 서리가 대제학의 집에 갔으나 대제학이 선뜻 고쳐 주지 않아서 여러 차례 왕복하느라 지체된 것이라고 한다. 이것이 실제 형편이나, 태만이라 운운한 하교는 분수와 의리에 있어서 미안한 말씀이다. 다만 이 일로 인하여 호연하게 고향으로 돌아가 전야에서 자적한다면 어찌 복이 아니겠는가.
>
> 『청대일기』 1712년 1월 2일

관직에 임한 지 2년이 채 안 된 1712년 2월, 다시금 재취再娶 여흥이씨의 와병 소식을 들었다. 부인 이 씨의 병세가 점점 더해져 가는 가운데, 그해 4월에는 모친상을 당했고, 또 조모마저 7월에 병석에 눕게 되었다. 결국 10월에는 부인, 11월에는 조모의 상사를 연거푸 당하고 만다. 그다음 해인 1713년 1월에는 종증조모의 복服을 입어야 했다. 2년 사이 4대에 걸친 집안 안주인들의 초상을 치른 것이다. 1714년(숙종 40)에 복을 벗고 나서 승문원정자承文院正字로 승진해 다시 관직에 나아가 1721년까지 한양에서 근무하였다. 그 사이 1719년, 삼취三聚 진성이씨가 사망하였는데, 그즈음 전염병이 돌아 가족들이 번갈아 가며 병에 걸렸다. 그해 내내 각 도에 가뭄과 역질이 심했으며, 영남은 식수까지 말랐다는 소식이 들려와 권상일은 서울에서 홀로 애를 끓이고 있었다. 이후 승문원저작承文院著作(1715년), 봉상시직장奉常寺直長을 겸직하였으나 사양하고, 성균관전적(1718년)을 거쳐 직강直講(1719년)에 제수되었다. 1720년에 예조정랑으로 옮겼는데, 그해 6월 숙종이 승하하자 낭청郞廳으로서 인산因山의 일을 감독하였다. 이후 1722년과 1726년 두 차례에 걸쳐 병조정랑에 제수되었으나, 체직되거나 사양하였다.

1727년(영조 3) 7월에 만경현령萬頃縣令에 제수되자, 권상일은 만경현이 '생선과 새우가 많이 나는 곳이므로 가친을 봉양하기에 충분하다.'고 여겨 부친을 모시고 부임하였다. 그러나 부임하던 해에 흉년이 들게 되었고, 권상일은 현령으로서 백성들을 구휼하는 데 온 힘을 기울이게 된다. 또 그 이듬해인 1728년에는 이인좌의 난이 일어난다. 권상일은 민간에 떠도는 말들에 귀를 기울인 결과 변산邊山에 역적이 있다는 이야기를 듣고 감영監營에 밀서密書를 보내 진위를 파악하는 한편, 우선 고을 백성들이 동요하지 않도록 안심시켰다. 그리고는 성벽을 보수하고 병기를 정비하는 등 방도를 취해 대비함으로써 급박한 위기를 잘 넘길 수 있었다. 이후 현을 다스리면서 정려문과 효열각을 세우는 등 유풍儒風을 진작시키고, 학문 진흥을 급선무로 하였다. 감사監司 고과考課에서 "글을 읽히고 백성을 다스리니, 정사가 이루어지고 교학이 진보하였다.[讀書治民 政成學進]"라는 평가를 받은 것은, 그가 수령으로서의 역할을 충실히 행한 결과였다. 그러나 1729년(영조 5), 임지에서 부친상을 당해 관을 호송해 고향으로 돌아오게 된다.

1731년, 상기喪期를 마치지 못한 때에 제수된 영암군수는 사직했고, 그해 8월 사헌부장령에 제수되자 사직상소를 올린 뒤 12월에 다시 입시하여 재차 사직소를 올렸다. 양산군수, 군자감정에 제수되었으나 사직하였고, 1734년에 다시 사헌부장령으로 제수되어 사직하고자 하였으나 더 이상 체직이 받아들여지지 않아 한양에서 머물렀다. 그러던 그해 가을 10월에 재취再娶 여흥이씨 소생의 하나뿐인 아들, 욱이 사망하였다. 이보다 몇 해 전인 1725년에는 삼취三聚 진성이씨가 겨우 남긴 어린 아들마저 죽었기에 장자 욱의 죽음은 더 충격적이었을 것이다. 1735년 울산부사에 제수되었다는 소식은 어쩌면 삶의 희망을 잃고 나락에 빠질 수도 있었던 권상일을 다시 추스르고 제자리에 설 수 있도록 도와주었다. 결과적으로 울산부사 겸 경주부 겸임(울산도호부사겸 경주진관 병마동첨절제사)의 자리에 근 4년을 있었다는 것은 포폄 성적이 우수했던 까닭이기도 하지만 그만큼 열과 성을 다해 고을 안팎을 살

핀 때문이었다. 또한 민생을 직접 보살피는 만경현이나 울산부의 외직이 권상일의 자질과 가장 잘 부합하는 일이었던 듯도 하다. 그가 늘 관심을 기울였던 백성들의 삶에 가장 직접적으로 다가갈 수 있는 일이었기 때문이다.

그러나 그의 열의도 무색하게 울산부사직을 파직당하게 되는데, 1736년 11월, 담당자의 실수로 병선兵船이 강풍에 떠내려가는 사건이 빌미가 되었다. 병선 유실의 책임을 물어 의금부에 압송되어 20일 가까이 구금되기도 했다. 결국은 낮은 고과와 파면을 청하는 중앙 관료들의 소청이 윤허되었다. 권상일은 원하던 바라고 스스로를 위로하며 1738년, 다시 귀향하게 된다.

60대에 접어든 권상일은 이후에도 실직實職은 아니지만 승진과 사직을 반복하였다. 69세가 되던 1745년에 봉상시정을 제수받자 차마 또 고향에서 사직소를 낼 수는 없어 4월에 한양에 올라가 한 달여를 생활하였고, 같은 해 10월에도 다시 도성에 머물다 파직 상소를 올리고 물러났다. 사직의 의사를 명확히 밝히고 제때에 상소를 올리는 것도 옥사나 유배를 면하는 길이었다. 그러다 1747년 3월, '조참 때 일찍이 시종을 지낸 신하로서 지방에 있으면서 참석하지 않은 사람'의 명단에 올라 다시 한 번 10여 일을 의금부에 구금되었다가 풀려나는 고초를 겪었다. 결국 같은 해 9월에 형조참의의 직책을 제수받고 체직이 반려되어 관직생활을 지속하다가, 이듬해인 1748년 2월에 가토加土(산소를 보수하는 일)를 이유로 휴가를 받은 후 재차 치사致仕의 소를 올려 사직할 수 있었다. 그리고는 주자의 '칠십에 치사致仕한다.'는 말 그대로 더 이상 벼슬길에 나아가지 않고 후학들에게 강의하며 여생을 보냈다.

이로써 실직實職으로서의 관료생활은 형조참의로 마감했고, 이후 계속 증직의 품계를 받았다. 1753년 정2품 자헌대부에 오르고, 1758년에는 기로소에 입성하는 영예를 얻게 되었다. 영남 출신 남인이면서 관료로도 성공하고 학덕으로도 추앙받은 보기 드문 문사, 권상일의 50여 년간의 관직생활은 그렇게 마감되었다. 권상일의 사망 소식을 들은 영조는 장례를 직접 지휘하도록 예조좌랑을 내려보냈고, 사당에서 영구히 제사를 지내도록 하는 불천위를 하사했다. 또 1772년(영조 48)에는 자손들의 근황을 묻고 아들과 손자를 서용하도록 하는 명을 내렸으며, 정조 대에 이르러 1790년(정조 14)에는 희정공의 시호를 하사했다.

문사文士로서의 성공은 그냥 주어지는 것이 아니다. 권상일은 관직생활을 하는 임지에서든 후학들을 만나는 서원에서든 책을 놓지 않고 기초적인 수양을 닦았으며, 아름다운 산천과 전래의 유풍遺風을 지켜 나가고자 노력하는 등 자신에게 주어진 업무에 최선을 다했기에 가능한 일이었다.

(1) 임하는 곳곳에 문풍文風을 진작振作하다

1752년 8월 어느 날이었다. 울산蔚山 구강서원鷗江書院의 하인이 『퇴계집退溪集』 32권을 등에 지고 서원 유사들의 서찰 꾸러미를 안고서 청대종가를 찾아왔다. 임지를 떠난 지 근 20년이 지난 후의 일이었다. 권상일은 이날 일기에 이렇게 기록한다.

> 내가 본부本府에 있을 때, 지역 안에 『퇴계집退溪集』이 없어서 물력物力을 마련하여 구강서원 원임에게 부쳐서 조만간 인쇄하여 보관하도록 하였는데, 임기를 마치고 돌아온 뒤에 다른 일을 도모하는 것이 있어서 지금에야 비로소 찾아내어 사서四書와 삼경三經을 함께 새 판본으로 구비하였다고 한다. 멀리서 온 심부름꾼을 오래 머무르게 할 수가 없어서 내일 종결하여 보내려고 한다.
>
> 『청대일기』 1752년 8월 29일

권상일이 울산부사로 부임했을 때, 고을의 유림들은 서로 힐난하고, 갓 지어진 구강서원은 아직 제 역할을 온전히 할 수 있는 공간이 아니었다. 유사들의 중심이 될 만한 공간조차 없었으니, 서로 이합집산하는 것은 당연한 모습이었는지도 모른다. 권상일은 이를 당색에만 매여 근본적인 학문에는 소홀한 탓이라고 하였다. 손수 울산의 유사들에게 효유문을 지어 보내니, 그것이 「유고울산사자문諭告蔚山士子文」이다. 이 글에서 권상일은 과거 급제자가 적은 이유는 곧 학문에 전념하지 않기 때문이요, 학문하는 방법은 사서오경과 『소학』, 정주서에 기본을 두어야 하며, 또 사서·시부 중에서는 초사나 이소·당송고시에 근본을 두는 것이 중요하다고 역설했다. 또한 가난을 핑계 삼는 것은 말이 되지 않으며, 원래 학문은 가난을 참고 견디며 하는 것이라고 말했다.

울산 구강서원

이렇게 기본적인 학문에 충실하다 보면 과거 급제는 자연스럽게 이루어질 것이니, 당습에 얽매이지 말고 서로 화합해 근본에 충실한 학문을 할 것을 당부하였다.

또한 자신의 월봉을 덜어내어 구강서원 동서의 재와 헌을 각기 4칸을 지어 강회와 더불어 기숙하며 공부할 수 있는 공간을 완성하고, 아직 이름조차 없는 강당과 사당 등에도 이름을 짓고 현판을 걸도록 했다. 동쪽의 재齋는 상지尙志, 헌軒은 인지仁智라 하고, 서쪽의 재는 경신敬身, 헌軒은 광재光霽라 했으며, 문은 유의由義라 이름하였다. 구강서원은 울산부 동쪽에 있고, 포은 정몽주와 회재 이언적을 향사하는 사액서원이다. 울산부는 두 선현이 생장한 곳과 가깝고 포은의 유배지이기도 했다.

서원의 공간이 어느 정도 갖추어지고 유사들도 학문에 전념하도록 효유했으나, 막상 공부에 필요한 서책조차 구비되어 있지 않았다. 『청대집』의 「구강서원소장퇴계집발鷗江書院所藏退溪集跋」에서는 전국은 물론 외국에까지 널리 유포된 『퇴계집』이 구강서원에는 없는 데 대한 안타까운 마음을 표출하고 있다. 『퇴계집』 신본 1질을 얻어 발문까지 적어 보낸 것은, 울산 유생들을 아끼고 보다 나은 성취가 있기를 바라는 권상일의 진심 그대로였다.

울산 유사들의 화합과 유생들의 학문 풍토를 혁신하는 한편 울산 고을민들 스스로의 정체성과 자긍심을 함양할 무언가도 필요했다. 이에 공자의 후손들을 발굴해 7인의 군역을 면제해 주도록 추천함으로써 울산이 유풍儒風의 고을임을 확인시켰다. 또 울산의 '마두줄[馬頭戱]'과 같은 고유의 풍속을 눈여겨보기도 하고, 반구대를 돌아보고 난 뒤 「반구유록盤龜遊錄」을 남기기도 하였다. 그 외에도 울산부터 경주에 이르는 산천을 돌아보며 태화강의 아름다운 풍경을 읊기도 하고, 고을의 역사적인 유적과 산천, 풍속을 자세히 기록해 둘 읍지가 절실함을 깨닫고 『학성지鶴城誌』의 편찬을 주도하기도 했다.

국내의 각 고을에는 모두 지지地誌가 있지만, 유독 울주蔚州에는 아직 있지 않다. 을묘년(1735, 영조 11)에 내가 외람되게 이 고을의 수령이 되니, 고을의 부로父老들이 청하기를 읍지邑誌를 만들어 후인들이 살필 수 있게 하고, 뒷날 왕부에 바칠 것을 대비하자고 했다. 상사上舍 박망구朴望久와 사인士人 이원담李元聃에게 부탁하여 옛 기록을 널리 가려서 초본草本을 만들었다. 무오년(1738, 영조 14) 겨울에 상자에 넣어서 집에 돌아왔으나, 일기一紀(12년)가 다 됐는데도 이루지 못했다. 여러 부로들이 편지를 보내 재촉함에 초본 중에서 번잡한 것을 깎고 소략한 것을 늘려 고쳐 써서 보냈다.

「학성지서鶴城誌序」 중[『청대집』 권11, 『국역 학성지』(울산남구문화원) 참조]

1749년(영조 25)에야 비로소 완성된 울산 최초의 인문지리지, 『학성지鶴城誌』에 편찬자 권상일이 쓴 서문의 일부이다. 울산부사로 부임한 해인 1735년(영조 11)에 『학성지』 편찬에 들어갔으나, 재임 기간에 마무리 짓지 못하고 14년 뒤에야 비로소 완성을 볼 수 있었다. 전체 33장 1책으로 소략하지만, 이후 나온 지지地誌의 저본底本 역할을 하였다. 분량은 비록 적어도 '지계地界와 산천山川, 연혁沿革, 전부田賦, 군부軍簿, 성씨姓氏, 풍속風俗, 토산土産, 성곽

城郭, 관방關防, 관애關隘, 누정樓亭, 학교學校, 역원驛院, 사묘祠廟, 고적古蹟, 명환名宦, 인물人物, 충렬忠烈, 제영題詠' 등 각 부문의 항목이 포함되어 있어, 당대의 울산을 살펴보는 데는 크게 모자라지 않는다는 평가이다.

만경현에서는 겨우 2년 남짓의 짧은 기간 머문 데다 흉년과 변란 등을 겪고 갑작스런 부친상으로 맥없이 짐을 싸야 했지만, 울산부에서는 꽤 오래 재임했기에 그는 고을의 수령으로서 하고자 했던 지향점을 보다 명확히 드러낼 수 있었다. 만경현령으로 재직 시 정려각을 세우고 선비들을 독려하였듯이, 울산부사로 재직하면서도 지역민의 자긍심을 높이고 선비들이 학문하는 풍토를 만들고 싶어 했던 것이다.

다음은 울산도호부의 동헌인 일학헌一鶴軒에서 차운한 시이다.

일학헌 시에 차운하다 [一鶴軒韻]

청헌淸獻의 배에 데리고 있던 학이,	淸獻舟中鶴
높은 동헌에 편액으로 걸려 있네.	高軒揭額初
정신은 강에 비친 달에 가득하고,	精神江月滿
금운襟韻은 대숲에 부는 바람에 느긋하네.	襟韻竹風徐
조용히 앉아서 글을 읽고,	嘿坐看書後
깊이 생각하며 정무를 처리하네.	潛思聽政餘
옛사람이 남긴 시 구절이 있기에,	昔人有遺句
읊조리고 나서 또 머뭇거리네.	吟罷更躊躇

『청대집』 권2

귀향해서는 상주목의 읍지인 『상산지』를 수정하는 일에 참여하여, 창석 이준이 처음 간행한 후 두 번째로 청대본이 간행되었다. 또 마을에서는 동회, 동계를 주도하여 내 고장 역사와 유풍의 틀을 세우는 데에도 큰 역할을 하였다.

권상일은 과거를 준비하면서도 서원, 서당, 수계소 등에서 사림들과 어울려 경학과 선현들의 문집에 대해 토론하기를 즐겨 하였지만 귀향하고 난 뒤에 주로 한 일 역시 서원이나 서당 등에서 강회하며 후학들을 지도하는 일이었다. 54세가 되던 1732년, 관직을 마다하고 고향에 머물던 권상일은 도산서원 원장으로 재직하며 서원을 보수하는 일부터 『퇴계언행록』의 범례를 개정하고 강회를 주도하는 일까지 유풍 진작에 힘썼다. 권상일이 자주 방문하거나 백일장 채점 혹은 강회 등의 실질적인 활동을 한 서원으로는 임강서원·옥성서원·삼강서원이 있고, 원장으로 재임한 도남서원, 옥동서원, 도산서원 그리고 근암서원 등이 있다.

이들 서원의 강회에서는 『소학』, 『대학』, 『근사록』 등을 주요 강서講書로 활용하였다. 다음은 권상일이 일기에 기록해 놓은 1748년 도남서원 강회의 모습이다. 『대학』을 교재로 삼아 강학하는 당시의 유생과 동몽들의 모습을 잠시 그려 볼 수 있다.

유생들에게 물은 것은 "『대학大學』에서 사람을 가르치는 법은 다만 '밝은 덕을 밝히는 데 달려 있다.[在明明德]'라는 한 구절뿐이다. 그러면 여기서 말한 '밝은 덕'이란 어떤 것이며, 그것을 밝히기 위해서는 어떤 공부를 해야 할 것인

가. 덕을 밝히고 백성을 새롭게 한다[新民]는 설은 공자께서 조술한 바가 있으니, 하나하나 가리켜서 말할 수 있는가."라는 것이었다. 동몽童蒙에게 물은 것은 "옛날에 사람을 가르치는 데 각각 그 규모에 맞게 가르치는 곳이 있으니 가家에는 숙塾을, 향당鄕黨에는 상庠을, 주州에는 서序를, 국國에는 학學을 두어 가르치는 법을 갖추었다. 오늘날에도 옛 제도를 따르고 모방은 하고 있으나 한갓 형식만 갖추었을 뿐 실효는 전혀 없으니 어찌하여서인가."라는 것이었다.

『청대일기』 1748년 10월 3일

『청대일록』을 통해 권상일이 76세의 고령에도 서원 강회를 지속하였음을 확인할 수 있다. 대단한 열정의 소유자가 아닐 수 없다.

그 밖에도 각 서원이 규율을 세워 체계 있는 학문의 도량으로 나아가길 원했으므로 학규를 제정하는 일에도 관심이 많았다. 대개의 학규는 공부하는 자세나 규율에 초점을 두는 경우가 많으나 권상일은 무엇을 먼저 읽고 어떻게 숙지할 것인가까지, 공부하는 방법을 아주 구체적으로 제시하였다. 문집에 있는 임호서원과 흥학재의 학규 모두 『소학』을 제일 먼저 익힌 후 『대학』 및 경經, 사史를 익히도록 하였다. 특히 『소학』을 통해 인륜을 밝히고 기거와 언동하는 절도를 배울 수 있음을 강조하였다. 과거보다는 의리를 위한 학문이 되어야 한다는 점도 공통적으로 보이는 내용이다. 또 서원·서당·사당 등의 건축과 중수에 관한 기문記文도 여럿 남아 있는데, 「남계서원중수기南溪書院重修記」·「반계서당중창상량문磻溪書堂重刱上樑文」·「옥천명륜당중수상량문玉川明

상주 도남서원

倫堂重修上樑文」·「북계서당기北溪書堂記」·「영빈서당중수기潁濱書堂重修記」 등이 대표적이다.

1739년에는 농청대에 초가를 완성하였는데, 그곳을 서실로 삼으니 지역을 망라하는 수많은 인사들이 드나들게 되었다. 이를 통해 문집의 발문을 쓴 조석철趙錫喆(1724-1799)과 조석회趙錫晦(1727-1802) 등 그의 뜻을 잇는 제자들을 배출하였다.

(2) 날카롭게 직언하고 담박하게 처신하다

1731년 8월, 53세의 권상일은 사헌부장령에 제수되었으나, 사직상소를 올린다. 상소에는 평소 그가 생각하는 사회의 병폐와 정치적인 폐단이 날카롭게 지적되어 있었다. "명분을 바르게 하는 일과 내외직의 관료를 관찰하는 일, 서원을 금해 사습에 변화를 주고 도학을 장려하는 일과 과거를 혁신하고 언로를 여는 일" 등에 대해 말한 뒤 끝으로 "임금의 마음을 바로잡는 요체"를 말하였다.

장령 권상일權相一이 영남에 있으면서 상소하여 성학聖學과 시무時務를 논하였다. 그가 성학을 논한 것에 이르기를, "마음이 발동하지 아니하였을 때는 계구戒懼로써 먼저 하고, 장차 마음이 발동하려 할 때는 성찰을 계속하며, 경연經筵에 나아가면 천인天人 성명性命의 근원을 강구하고, 만기萬機에 대응하면 의리義理 공사公私의 분간에 살펴 처리해야 합니다."라고 하고, 또 말하기를, "감사監司를 잘 골라서 수령守令을 단속하고, 장관長官을 잘 선택해서 여러 관료들을 관찰하며, 서원書院 세우는 것을 금지해서 사습士習을 변화시키고, 주사主司를 잘 선택해서 과거 규정을 혁신하며, 도학道學을 장려해서 교화敎化를 베풀고, 대신大臣을 예우해서 체통을 높이며, 대각臺閣을 존중해서 언로를 열어야 하는데, 그 근본은 성상께 있습니다. 삼가 바라건대, 전하께서는 몸과 가정에 근본하여 닦고 또 닦으며 다스리고 또 다스려서 적루積累·훈증薰蒸의 교화敎化로 하여금 중외中外에 흘러넘치게 하며, 이어서 조종祖宗의 법도를 시행하여 더욱 노력하여 해이하지 말게 하소서."라고 하니, 비답하기를, "면계勉戒한 말은 매우 절실하여 매우 가상하게 여긴다. 유의하지 않을 수 있겠는가?"라고 하고, 원소原疏를 유중留中할 것을 명하였다.

『조선왕조실록』 1731년(영조 7) 11월 13일 기사

12월에 입시入侍해 다시 사직소를 올리면서는 "전하께서는 온인溫仁과 관용은 여러 임금보다 훨씬 뛰어나지만, 장엄莊嚴함과 강과剛果함은 조금 덜한 부분이 있으십니다. 이것은 단지 전하의 타고난 품성이 그러하신 것이 아니라, 탕평광대蕩平廣大한 법

을 시행하여 붕당이 격렬한 폐단을 바로잡고자 하셨기 때문에 어쩔 수 없이 그렇게 되신 것입니다. 오늘의 무너진 기강과 흐트러진 풍속에 대해 염려하고 분발하시어 특단으로 쇄신하지 않는다면, 정치를 혁신하기는 매우 어려울 것입니다."라고 간곡한 말을 전하였다. 또 1734년 장령에 제수되어 다시 한양에서 관직생활을 할 때에는 민생구제에 대한 상소를 올렸다.

포흠된 환곡을 정봉할 것과 재변과 흉년이 일어나는 것 등에 대한 장령 권상일의 상소

장령 권상일權相一이 상소하였는데, 대략 이르기를, "경기 지방에 흉년이 연달아 들어 백성의 힘이 피폐疲弊해졌습니다. 저번에 전하께서 가뭄을 민망히 여기고 백성을 걱정하여 여러 차례 조칙詔勅을 내리셨는데, 이번 능소陵所에 거둥함에 있어 만 냥의 은자銀子를 소모했으니 전교의 뜻과는 아주 어긋나게 되었습니다. 어리석은 백성들이 성주聖主께서 선조先祖를 추모하는 감회는 알지 못하고, 임금의 말도 또한 믿을 수 없다고 여길까 염려됩니다. 바라건대, 전하께서 유지諭旨를 내려 연로沿路의 민폐民弊를 순문詢問하여 제거한다면 인정仁政의 한 가지 도움이 될 것입니다."라고 하였고, 또 여러 도道의 오랫동안 포흠逋欠된 환곡還穀에 대하여 모두 정봉停捧하도록 허락할 것을 청하였으며, 재변災變이 자주 나타나는 것과 흉년이 연달아 일어나는 것, 탐장貪贓이 낭자한 것과 뇌물이 자행恣行되는 것, 용사用捨의 공정하지 못한 것과 사류士類의 습속이 점차 달라지는 것, 분경奔競이 풍습을 이룬 것과 강상綱常이 허물어지는 것에 대하여 개략적으로 진계陳戒하니, 비답하기를, "조목條目으로 나누어 진계한 것이 절실하니, 어찌 유의하지 않겠는가? 오랜 포흠에 관한 일은 묘당廟堂으로 하여금 품의하여 처결하게 하라." 하였다.

『조선왕조실록』 1734년(영조 10) 9월 9일 기사

사헌부장령의 직책이 직언이 필요한 자리이기도 했으나 권상일의 이와 같은 상소는 영조에게 특별한 인상을 주었던 것 같다. 1734년 9월 11일, 영조는 승지인 황정에게 권상일의 신상에 대해 자세히 물었다. 영조가 "헌신(권상일을 가리킴)은 전에 듣자니 글을 잘한다고 하던데 집은 어느 고을에 있는가?"라고 하니, 황정이 "집은 상주에 있사옵니다. 글만 잘할 뿐 아니라 고향에 살 때의 행실도 남달랐기 때문에 사람들이 모두 추앙하였다고 하옵니다."라고 대답하였다. 이에 영조는 "그를 만나 보니 외모가 참으로 건실한 사람이라는 것을 알겠노라. 시골에서 올라온 지 좀 오래되었다고 여겨 속히 돌아가고 싶어 하는 듯해서 내가 '또한 물러나 명령을 기다리지도 말라.'고 하교하였노라."라고 하여 그의 체직을 가로막았다. 이뿐만 아니라 주강晝講에 참여하여 강을 하도록 하였다. 권상일은 이에 대해 "보통의 규례를 벗어난 것"이라며 황송해 하였으나, 영조가 적극 권유하였기에 나아가 『시경』 「진풍」 '완구'의 여러 장을 강하였다. 강을 마친 후 영조는 권상일을 불러 영남의 선비들에 대해 하문하였는데, 권상일은 아주 조심스러운 답변을 내놓았다.

"헌신은 영남 사람인데 은거하여 뜻을 지키고 있는 선비가 얼마나 되는가?"라고 물어 "영남은 곧 명현을 배출한 땅이오나 그 유풍과 영향은 점점 옛날만 못합니다. 그러나 선비는 많이 있으니 어찌 옛 책을 읽는 사람이 없겠사옵니까. 큰 고을은 아마 예닐곱 사람은 될 것이며 작은 고을이라 하더라도 한두 사람 없지는 않을 것이옵니다."라고 답하였다. 주상께서 "어느 고을이 가장 많은가?"라고 하여 "안동과 상주가 땅이 넓고 선비가 많사온데 안동은 선비의 숫자가 상주에 비하여 대여섯 배는 될 것입니다. 때문에 글을 읽고 뜻을 지키는 선비들이 더욱 많을 것이옵니다."라고 아뢰었다.

『청대일기』 1734년 9월 17일

하문을 마친 영조는 권상일에게 전에는 급히 돌아갔으니 이번에는 반드시 오래 머무르다 가라고 이야기한다. 시사에 대해서는 그토록 강한 어조로 직언한 바 있는 권상일이 자신의 지역을 드러낼 수 있는 기회가 주어졌음에도 이토록 조심스럽고 순박하게 답변을 하고 있다. 어쩌면 권상일의 이런 태도가 영조의 눈에는 오히려 기이하게 비춰지고, 권신들의 자신만만한 태도에 익숙했던 임금의 마음을 더 흡족하게 했을 수도 있다. 영조의 권상일에 대한 신뢰와 기대감이 보다 더 명확하게 확인되는 때는 1747년 11월 형조참의를 제수받고 한양에 온 권상일을 다시 동부승지로 패초한 뒤 만든 독대 자리에서였다. 조보에도 실리지 않은 독대 자리의 문답 내용은 권상일의 일기와 그의 행장에만 전해질 뿐이다. 이 자리에서 영조는 문묘에 종사된 유현들의 언행과 학문에 대해 물었는데, 이전과 마찬가지로 권상일은 더하지도 덜지도 않고 자신의 생각을 진솔하게 답변했다.

밤 이경에 전교하기를 "승지는 합문에 들라."라고 하여, 바로 일어나 관디를 하고 합문 밖에 나아갔는데, 사관도 뒤따라왔다. 조금 있으니 사알司謁이 나와서 주상이 좌정하였다고 알려 주었다. 바로 쫓아 들어가서 굽은 회랑을 지나는데, 두 방 뒤에는 촛불을 여러 군데 밝혀 놓았었다. 작은 뜰을 지나 부계浮階를 올라가서 문밖에서 곡배曲拜를 올린 뒤에 입시하니 주상이 침방 문안에 앉아 있었는데, 그 거리가 1-2장丈쯤에 지나지 않았다. … 주상이 "우리 조정에 종사從祀된 여러 어진 이들의 학문과 언행을 상세히 말할 수 있는가?"라고 하여, 내가 "신이 어리석고 학문이 거칠어 어떻게 감히 추측하여 알 수 있겠사옵니까. 다만 선정신先正臣 김굉필金宏弼과 정여창鄭汝昌은 참혹하게 사화를 당하였기 때문에 문적을 모두 물과 불 속에 던져 버려서 단지 언행 약간만 『국조유선록國朝儒先錄』에 실려 있을 뿐입니다. 조광조趙光祖와 이언적李彦迪은 선정신 이황李滉이 지은 행장이 매우 자세하여 고찰할 수는 있으나, 다만 저술한 문자가 적어 후인들의 한이 되옵니다. 오직 이황만 학문을 쌓고 공부를 독실하게 하여 저술이 매우 많아서 우리 동방의 수천 년 학문을 집대성한 유현이라고 할 만하고, 또한 학문을 주고받은 문도가 매우 많아, 나와서 국가에 쓰이는 인재가 되어 사업이 밝게 드러난 자도 있고, 산림에 묻혀 학문을 닦으면서 후학을 가르친 자도 있습니다. 그의 학문의 문로가 바르고 옳아서 이단으로 흘러 들어간 경우가 한 번도 없었으니, 선묘조宣廟朝에 조정을 중흥시킨 여러 신하들이 모두 그의 문도들이옵니다."라고 하니, 주상이 "도산서원陶山書院은 동부승지의 집과 서로 거리가 얼마나 되는가?"라고 하여, 내가 "일백사십 리이옵니다."라고 대답하자, 주상이 "그 서원의 원장을 한 적이 있는가?"라고 하여, 내가 "계축년(1733)에 원임을 하였사온데, 조정의 사제賜祭를 맞이하여 도내 유생들과 함께 성대한 제례에 참여하였고, 그 뒤에 두 번째로 원장을 맡았사옵니다."라고 대답하였다. 주상이 안동과 상주에 관한 일을 물었는데, 내가 "안동과 상주는 도내의 상류에 위치한 큰 고을로, 이름난 유생과 어진 신하들이 무리를 지어 나왔사옵니다. 선묘조 때는 영남에서 이름난 재상이 네 명이나 나왔는데, 두 명은 안동 출신이고, 두 명은 상주 출신입니다."라고 대답하니, 주상이 "누구냐?"라고 하여, 내가 "류성룡柳成龍과 정탁鄭琢은 안동 사람이고, 노수신盧守愼과 이덕형李德馨은 상주 사람입니다."라고 대답하였다. 내가 이어서 아뢰기를 "상주에는 도남서원道南書院이 있사온데, 선정신 정몽주鄭夢周·김굉필金宏弼·정여창鄭汝昌·이언적李彦迪·이황李滉을 합향

合享하고, 노수신·류성룡·정경세鄭經世를 배향配享하였습니다."라고 하니, 주상이 "조광조만 홀로 빠진 것은 무엇 때문인가? 혹시 사론이 불만이 있어서인가?"라고 하여, 내가 "그렇지 않사옵니다. 상주는 한 도의 요충지에 있어서 선정 여러 신하들이 왕래하고 두루 노닐지 않은 곳이 없기 때문에 문장공文莊公 신 정경세가 고을의 여러 사람들과 함께 서원을 세워 영남의 유현들만 제향하기로 발의하였고, 조광조는 서울 사람이기 때문에 합향하지 않았사옵니다."라고 대답하였다. 주상이 또 "제향할 때 원장은 어떤 관복을 입고 유생은 어떤 관복을 입는가?"라고 물어서, 내가 "도산서원은 원장이 복두幞頭와 단령團領을 입고, 우리 도남서원은 원장이 관冠을 쓰고 단령을 입으며, 유생은 두 서원이 모두 두건頭巾을 쓰고 청금靑衿을 입습니다."라고 대답하였다. 주상이 "「권선지로가勸善指路歌」는 선정先正이 지었는가?"라고 하여, 내가 "본손의 집에는 고찰해 볼 만한 문적이 없사옵니다. 이는 본손 자손들이 영락하여 주관할 자가 없기 때문에 문적이 다 흩어져서일 것입니다. 문순공文純公의 금제 시권 두 장이 서울의 한 사대부 집에 있었는데, 몇 년 전에 겨우 찾아 온 적이 있었사옵니다. 고찰해 볼 문적이 없기 때문에 그 허실을 정확하게 알 수는 없으나, 그 집안 부녀들이 서로 전해 오기를, '우리 선조께서 지은 것이다.'라고 말하는 것을 본 적이 있었사옵니다. 또한 가사 중에 'ᄒᆞᆫ양ᄒᆞᆫ양논을 가ᄂᆞᆫ대로 노하스라.'라는 이 한 구절은 이황이 아니라면 이러한 경지를 말할 수 없을 것입니다."라고 하니, 주상이 "그럴 것이다."라고 하였다. 내가 또 아뢰기를 "노래 가사 때문에 특별히 치제致祭하는 것은 아마도 일의 체모에 합당하지 않은 것 같사옵니다. 작년에 사제賜祭를 그만두게 하신 명령은 합당한 것 같사옵니다."라고 하였다. 주상이 "동부승지가 도산과 도남 두 서원의 원장으로 있을 때, 향음주례鄕飮酒禮를 행한 적이 있는가?"라고 하여, 내가 "이 일은 아직까지 할 수 없었으나 도남서원에서 한 번 강학하는 모임은 행한 적이 있사옵니다."라고 대답하였다. 주상이 "현재 영남의 시종신侍從臣이 몇이나 되는가?"라고 하여, 내가 "정옥鄭玉, 정권鄭權, 이세사李世師, 이세태李世泰 등이옵니다."라고 하니, 주상이 "정옥은 어느 군에 사는가?"라고 하여, 내가 "영천榮川이옵니다."라고 대답하자, 주상이 "그와 서로 상종하였는가?"라고 하여, 내가 "정옥의 5대조인 고故 상신相臣 정탁이 만년에 안동安東에서 예천醴泉으로 이사하였기 때문에 봉사손이 예천에 살고, 또한 그의 여러 친족들이 용궁龍宮에 많이 살고 있어서 신의 집과는 거리가 멀지 않사옵니다. 정옥이 때때로 왕래하였기 때문에 신은 그와 상종이 퍽 잦았사옵니다."라고 대답하였다. 주상이 "정탁과 정온鄭蘊은 일족인가?"라고 하여, 내가 "두 사람은 본관이 각기 다르고 또한 거주하는 곳이 몇 백 리나 떨어져 있으며 세대도 같지 않사옵니다."라고 대답하였다. 주상이 "정옥은 학문에 대한 공부가 있는가?"라고 하여, 내가 "학문에 대한 전일한 공부는 자세히 알 수 없사오나 평상시의 한마디 말과 한번의 거동이 의리에 어긋나지는 않사옵니다."라고 대답하였다. 주상이 "상주에는 학문하는 선비가 있는가?"라고 하여, 내가 "몸을 닦고 행동을 조심하는 이는 없지 않사오나 학문에 대한 전일한 공부에 있어서는 신이 감히 지적하여 아뢸 수 없사옵니다."라고 대답하였다. 주상이 "여러 경서 중에 어느 책이 요긴한가?"라고 하여, 내가 "신의 얕은 소견으로는 오직 『소학小學』과 『대학大學』이 가장 요긴한 줄로 생각되옵니다."라고 하니, 주상이 "그렇겠지."라고 하였다. 이어서 아뢰기를 "신이 고향에 있을 때 조정에서 『소학』을 강의하여 각 고을이 바야흐로 강의를 거행하도록 명령한 것을 들었고, 신이 일찍이 이러한 일을 본 적이 있었으나, 형식적으로 행하는 것에 지나지 않아서 단지 네댓 달 시행하다가 마침내 해이해져서 정지하거나 폐지해 버리고 마니, 이것이 걱정입니다."라고 하였다. 바라[罷漏]를 친 뒤에 물러나 나왔다.

『청대일기』 1747년 11월 25일

영조는 그해 12월에도 밤 11시가 다 된 늦은 시각에 다시 한 번 권상일을 독대하는 자리를 마련해 이번에는 보다 더 솔직하게 사념으로 괴로운 영조 자신의 내면을 내보이며 다양한 이야기를 주고받았다. 아마도 며칠 전 좌의정이 경연에서 권상일이 경학에 밝은 선비라고 진달한 까닭일 것이다. 이 한밤중의 독대에서 영조는 마음을 다스리고 자신을 경계하는 방법, 독서법 등을 묻고, 자신이 지은 『어제심감御製心鑑』을 읽고 소감을 이야기해 줄 것을 청하기도 했다.

밤 이경 말에 전교하기를 "승지는 입시하라."라고 하여, 바로 일어나 망건과 관디를 하고 합문에 나아가서 입시를 하니, 주상이 "보고 싶은 마음이 생겨서 입시하게 하였다."라고 하여, 내가 "소신이 어찌 경학을 알 수 있겠사옵니까. 단지 헛된 이름을 훔쳐 온 세상을 크게 속이게 되었사옵니다. 위로는 임금과 어버이를 속였으니, 더욱 송구스러워 어찌할 바를 모르겠사옵니다."라고 하였다. 주상이 "『심경心經』에도 말했듯이 밤중에 일어나 사념에 잠기면 마음이 자꾸 들뜨고 다잡기가 어렵다. 슬픈 마음이 일어나면 마치 앞에 물건이 나타나는 것 같다. 이때 심신을 한 군데로 모으는 방법으로 무엇이 먼저인가? 『역易』에 이르기를 '동동憧憧거리며 왕래하면 벗들이 따르리라.'라고 했는데, 동동은 마음의 왕래를 가리키는 것이 아닌가?"라고 하여, 내가 "눈을 감으시고 사념을 끊으시면 정신을 안으로 수습할 수 있사온데, 신도 구구한 회포가 있어서 감히 전하께 말씀을 올리겠사옵니다. 매일 밤중에 잠을 못 이루시면 성체가 쉽게 손상될 것이온데, 이 때문에 염려되옵니다."라고 대답하였다. 주상이 "옛 사람이 말하기를 '군주는 야대夜對가 주강晝講보다 낫다.'고 했으니, 이 말을 왜 하였겠는가? 밤에는 낮보다 정신력이 더 낫기 때문이다. 밤이면 나는 피곤한 줄을 모르지만 신료들은 아마도 힘들 것이다. 낮에는 기운이 고달파서 비록 수백 명이 발로 차더라도 일어나 움직일 수 없기 때문에 이와 같이 하는 것이다."라고 하여, 내가 "밤이 되어 비록 잠을 못 이루시더라도 누워 쉬시면서 정신을 모으는 것이 좋겠사옵니다. 진덕수眞德秀의 「야기잠夜氣箴」에 '밤은 곧 하루의 겨울이다.'라고 했고, 진무백陳茂栢의 「숙흥야매잠夙興夜寐箴」에는 '사념을 일어나게 하지 말고 마음을 안정시켜 밤의 원기를 길러 가면 정貞해질 때 다시 원元이 돌아올 것이다.'라고 하였사옵니다. 밤에 잠을 못 이루시면 낮에 반드시 피곤할 것이옵니다."라고 대답하였다. 주상이 "그것은 맞는 말이다. 네 계절로 말하자면 가을과 겨울에 거두어 갈무리한 다음에야 봄을 맞이해 밖으로 펴질 것이다. 『역』에 또 말하기를 '날이 어두워지면 들어가 쉰다.'고 하였다." 라고 하여, 내가 "옛 책에 이르기를 '삼경에 잠을 못 자면 피가 심장으로 돌아가지 않는다.'고 하였고, 또한 '밤에 이야기하는 것은 기운을 매우 상하게 한다.'고 하였사옵니다."라고 대답하였다. 주상이 "그런 사실을 모르는 것은 아니지만 잠이 오지 않을 때 누우면 문득 답답하여 반드시 일어나 서성거리니, 이것이 내 마음의 병이다."라고 하고, 또 "놓아 버린 마음을 찾는 요긴한 방법은 무엇이 먼저인가?"라고 하여, 내가 "그 요점은 경敬에 있으나 외畏가 가장 긴요하옵니다. 신이 경험한 적이 있었사옵니다. 길을 가다가 위험한 곳을 만나면 마음이 두려워 자연히 정신을 가다듬으므로 딴 생각이 없어집니다. 이것으로 미루어 본다면 외畏가 가장 긴요하옵니다."라고 대답하니, 주상이 "그 말이 참으로 옳다. 외畏란 것은 곧 경계하고 두려워하는 것이다."라고 하였다. 주상이 "지知와 행行은 당연히 둘 다 공부해야 하나 경중을 따지자면 어느 것이 중요한가?"라고 하여, 내가 "선후를 따지자면 지가 앞이고 행이 뒤이나 경중을 따지자면 행이 무겁고 지가 가벼우니, 지금의 입과 귀의 병폐를 고치려면 행을 먼저 하고 중요시해야 할 것 같사옵니다."라고 대답하니, 주상이 "행의 요점은 무엇인가?"라고 하여, 내가 "뜻을 진실되게 하고 마음을 바르게 하는 것이 바로 그것입니다."라고 대답하였다. 주상이 "독서의 방법은 주석에 힘을 다 쏟을 필요는 없고 대문大文에 힘을 다 쏟아야 하는데, 주요 내용을 스스로 터득하면 주석은 자연히 그 속에 있는 것이다."라고 하여, 내가 "성상의 말씀이 옳사옵니다. 책을 읽을 때는 먼저 대문을 읽어 그 뜻을 구하여 찾되, 만약 깨닫지 못하면 마음속으로 실마리를 찾아 생각하고 또 생각하여 명확하게 깨닫도록 해야 합니다. 만약 끝내 명확하게 깨닫지 못하면 대주大註를 대문을 읽는 방법대로 읽고, 그래도 끝까지 깨닫지 못하면 소주小註를 이와 같이 읽는다면 틀림없이 스스로 얻는 것이 많겠으나, 사람들은 그렇게 하지 않사옵니다. 이 때문에 입과 귀의 병폐가 있사옵니다. 또한 지금은 서책이 너무 많아서 더욱 병폐가 있사옵니다."라고 대답하니, 주상이 "승지가 책이 많은 것이 병폐라고 말한 것은 역시 옳다."라고 하였다.

주상이 "『주례』를 익혀 본 적이 있는가?"라고 하여, 내가 "익숙하게 읽지는 못했사오나 주자朱子는 주공周公이 천리를 익숙하게 운용한 책이라고 하였사옵니다."라고 대답하니, 주상이 "주자가 한 이 말은 내가 아직까지 본 적이 없다."라고 하였다. 주상이 "『심감心鑑』을 보았는가?"라고 하여, 내가 "신이 보지 못하였사옵니다."라고 대답하니, 주상이 "이것은 내가 지은 책이다. 틀림없이 옥당玉堂이나 춘방春坊에 있을 것이니, 가져와서 본 뒤에 의견이 있으면 말해 주는 것이 좋겠다."라고 하고, 또 "내가 이미 편히 잘 수 없다는 병을 말했거니와 만약 이 병에 대한 유익한 말을 찾으면 이후에 와서 알려 주는 것이 좋겠다."라고 하여, 내가 "보잘것없는 말씀일망정 한마디라도 찾으면 글이든지 말씀으로든지 어찌 감히 아뢰지 않겠사옵니까."라고 하였다. 바라를 친 뒤에 물러나 나왔다.

『청대일기』 1747년 12월 11일

권상일은 영조의 분부대로 『어제심감御製心鑑』을 읽고 느낀 점을 자세히 소에 적어 올렸다.

신이 집에 있을 때, 삼가 『어제자성편御製自省編』 한 질을 읽고서, 삼대三代 이후에는 이런 글이 없었다고 생각하였습니다. 동궁께서는 어려서부터 가르침이 귀와 눈에 무젖고 골수에 스며들었으므로, 학문이 저절로 성취되고 기질이 저절로 변화되었습니다. 억만 년 무궁한 왕업이 실로 이에 기초할 것입니다. 어제 직접 성상의 하교를 받들어, 『심감』을 가져와서 두 번 절하고 소리 높여 읽었습니다. 면계勉戒하신 지극한 뜻은 『자성편』과 꼭 같았으나, 심법의 정미精微함과 공부의 끽긴喫緊함에 있어서는 한층 더 진보되어 미진한 점이 없었으므로, 신이 참으로 찬탄하고 흠앙하여 마지않았습니다. 다만 '마음이 담담하여 고요해지면 문득 모든 잡념이 없어진다.[澹然而靜則頓無一念]'라는 말씀에 대해서 따로 생각하는 점이 있습니다. 이 한마디는 들뜬 생각을 그치게 하고 잠을 잘 이루는 좋은 방법이니, 마음이 명경지수明鏡止水같이 한 점 티끌이나 물결이 없게 되면 혈기가 바르게 돌고 혼란하지 않으므로, 자연히 잠잘 시간에 잠자고 깰 시간에 깰 것입니다. 성상께서 이미 이 병통을 알고 계시면서도 이처럼 잠 못 이루는 때가 있는 것은, 아마도 조존성찰操存省察하는 노력에 남이 모르는 빈틈이 더러 있기 때문인 듯합니다.

이상정, 『대산집』 권50, 「지중추부사 청대 권공 행장」 중

이에 대해 영조가 "상소문을 살펴보고 다 알았다. 그대의 학식을 알고 이제 그대의 글을 보니, 그것이 지나친 소문이 아니었도다. 약석藥石이라 이를 만하니, 깊이 가납하여 의당 더욱 힘쓰겠노라." 하니, 권상일이 학자로서의 면모를 확고하게 인정받는 순간이었다. 이와 같은 과정을 통해 관료사회에서 권상일의 위상은 한층 격상되었다. 관료로서도 인정받았지만 평생 학문에 충실했던 그의 자취는 영남 각지에서 선조들의 가장을 가져와 권상일의 문자를 얻고자 하는 후손들이 줄을 잇는 것으로 증명되었다. 당대에 누구라도 그가 쓴 글을 얻고자 할 만큼 명성이 자자했던 것이다.

(3) 성리학의 원론에 충실하되, 현재를 살고자 하다

권상일 사후 그를 추모한 만시輓詩, 만사輓詞의 내용 중 거의 공통적으로 나타나는 어구는, "송소松巢의 가학을 잇고 도산陶山

을 조술祖述했다."는 의미의 말들이다. 송소는 권상일의 선조, 권우權宇를 가리키고 도산은 퇴계 이황을 일컫는다. 송소 역시 월천 조목과 이황의 문하를 거친 문인이었고, 권상일의 고조부 권익린은 장현광의 문인이었으므로, 권상일 학문의 주맥主脈도 퇴계 이황에 있었다. 권상일의 문집인 『청대집』에서 양명학을 배격하는 논조가 드러나거나 기자를 숭앙하고 대명의리를 앞세우는 데서 정통 성리학의 논리를 찾을 수 있다.

본격적인 학문 탐구는 과거 입격 후에 이루어진 독서를 통해서였다. 이황의 『주자서절요朱子書節要』와 『퇴계집退溪集』 및 『심경心經』을 읽으면서 본격적으로 성리학과 이황의 이론을 연구하였다. 30대 후반 즈음에는 그보다 15년 선배인 식산息山 이만부李萬敷(1664-1732)와 「격물치지론格物致知論」 및 「이발기발理發氣發」의 문제에 관해 토론하는 편지를 주고받으며 논변을 넓혀 갔다. 이 시기 이후 자주 만나 교유한 이만부·오상원吳尚遠과 함께 계구戒懼·동정動靜·혈구絜矩 등 성리학의 기본 문제들에 관하여 토론하였고, 밀암密菴 이재李栽(1657-1730)에게 가르침을 구하는 편지를 쓰기도 했다. 학문적으로는 이학理學의 규명에 큰 관심을 갖고 매진하였다. 그의 문집에 수록된 「관서록觀書錄」에서는 성리학의 태극 음양설과 이기설에 관한 다양한 학설을 비판적으로 논하였고, 경서의 해석을 두고서는 원론에 충실한 면모를 보였다.

반면에 평상시 그의 생활 태도나 관심은 오히려 실학적인 성격이 다분했다. 구한말, 퇴계의 성리학적 전통을 계승한 유학자인 조긍섭曺兢燮(1873~1933)은 문집 『암서선생문집巖棲先生文集』에서 영남학자와 기호학자를 비교하며 권상일의 말을 인용했다. 권상일이 "영남 사람이 조정에 서면 단지 성誠과 경敬을 말하는 데 합당할 뿐 시사를 논할 수는 없다."라고 했다는 것이다. 조긍섭이 이 말을 인용한 것은 기호지방 성리학자들이 실용적인 데 비해 영남지역의 사림들은 원론적이라는 점을 부각시키고 싶어서였을 것이다. 조긍섭이 느낀 것처럼 권상일도 학문은 물론 실제에서도 지나친 영남인의 원론 희구希求에는 문제가 있음을 깨달은 듯하다. 또한 권상일의 공부론은 학문을 위한 학문이 아니라 '위기지학爲己之學', 즉 자기수양을 위한 학문에 있었다. 그에 앞서 중시했던 부분은 공부를 하는 원칙과 법도였는데, 무엇보다 기초 학문의 반복적인 학습을 강조했다. 후학들에게도 우리가 익히 아는 사서삼경을 공부하기 전에 『소학』 공부를 충실히 하고, 경전을 읽은 뒤에 역사를 공부하라고 지도했다.

그렇게 매일을 독서에 몰두하라고 강조하면서도 한편으로는 농사를 관장하도록 가르쳤으며, 자신도 평생 농사일에 대해 세세한 관심을 갖고 있었다. 절기에 부합하는 날씨인지, 시기별 날씨의 변화가 농사를 위해서 어떤 점이 좋고 나쁜지를 늘 살폈다. 정월 초하루의 날씨와 정월대보름의 달을 보며 풍흉을 점치고 태양의 운기를 항상 예의주시했다. 나이 든 농사꾼들의 말을 흘려듣지 않고 그들의 경험담에 귀를 기울였다. 이만부·오상원과 교유할 때는 이만부가 새로 만들었다는 '해시계' 등에 큰 관심을 가졌고 오상원이 새로 배운 거문고에도 흥미를 보였다. 이처럼 실생활에 활용할 수 있는 과학에 대해서는 물론이고, 음악이나 풍류에 대해서도 멀리해야만 하는 것으로는 여기지 않았다. 장이 설 때에는 물가를 확인하며 이전과 얼마만큼의 차이를 보이는지를 가늠하였고, 환곡의 배포와 상환에 대해서도 깊은 관심을 가지며 실질적인 민생의 안위를 걱정하였다. 영조조에 그간 미루어 온 유형원의 『반계수록』 인쇄, 반포가 이루어지게 되었음을 예의주시하기도 했다. 이와 같은 내용은 권상일의 현전하는 처음 일기인 1702년, 24세 때의 일기에서부터 반영되어 있다. 학술적으로는 퇴계의 정통 성리학에 전도되었을지라도, 현재의 생활을 영위하는 데 있어 무엇이 유용하고 절실한지에 대해서는 20대, 아니 그 이전에 이미 명확한 깨달음이 있었던 것으로 보인다. 이것은 단순히 스스로 체득한 것으로만 보이지는 않는다. 이러한 면이야말로 바로 청대종가의 가학家學이 아니었을까 생각해 본다.

이와 같은 권상일의 유연함은 아마도 당대의 유사들에게는 널리 알려진 일이었을 것이다. 퇴계 이황과는 대척 지점에 있던 남명 조식을 배향한 덕천서원에서 원장 망기가 온 것도 당대의 명성에 더해 이러한 사정이 반영되었던 것이리라. 이런 과정에서 권상일의 성격도 확인되는데, 세 차례에 걸쳐 체직 단자를 보내면서도 단칼에 물리치지 않고 10개월 동안 일을 돌보아 준 것을 보면 권상일의 포용력과 배려심을 읽을 수 있다. 아마도 이러한 그를 손가락질한 교조적인 인사들도 많았을 것이다. 언젠가 그의 관료 임용을 반대하는 인사가 권상일을 가리켜 "용잔庸孱한"이라는 표현을 쓴 적이 있다. 그러나 권상일은 오히려 이 문구를 마음에 들어 하며 체직 상소에 인용하기도 했다. 권상일은 자신을 좋지 않게 보는 사람들에 대해서도 억울해 하거나 비방하는 일 없이 이렇게 웃으며 넘길 줄 아는 아량이 있었다. 사후에도 끈을 놓을 수 없을 만큼 권세 있는 벌열閥閱 가문의 후예도 아니고, 엄청난 수의 제자 무리가 있는 것도 아니었음에도 그를 추모하는 행렬이 400인에 이른 것은 모두 이런 자품資稟에 기인한 것이 아닐까.

그럼에도 권상일이 뛰어넘지 못한 것이 있으니, 그것은 남인이라는 당색과 당대의 정치적 소외계층인 영남인이라는 사실이었다. 시사에 눈을 떼지 않으면서 당해 정치적 사안에 대해 옳고 그름의 잣대로 판단했지만, 노론에 대해서만큼은 늘 가혹했다. 그리고 같은 남인이 용렬한 행동으로 정치적인 논란의 빌미를 제공하는 것은 더더욱 싫어했다. 『청대일록』에서 권상일이 가장 격한 어조를 사용한 대목들이 이런 내용에 속한다. 어떻게 보면 정치적인 환란을 염려하고 지속적인 안정을 염원하였기 때문일 수도 있다. 경종조의 신임사화辛壬士禍나 영조조의 이인좌의 난과 같이, 노론과 소론의 극단적인 대결은 항상 피바람을 몰고 오는 것을 숱하게 목격한 까닭이었다. 과거의 입격과 관리 임용에 있어서도 당대 권력의 주도권이 어디에 있는가가 그대로 반영되는 세태를 안타까워했고, 평안도·함경도 등 서도지역의 소외를 주시하며 각 지역별 배분에 주목했다. 그러나 결과적으로 영남인의 숫자가 미미할 때는 탄식하곤 했다. 혼자 쓰는 일기에 적지 못할 말이 없었겠지만, 권상일은 드러내 말하지는 않았어도 자신과 가문의 정치적인 색깔과 지역성을 극복하는 데에는 한계가 있었던 듯하다.

3) 가정과 일상생활—삶의 재난을 극복하는 지혜

(1) 우환과 질병에 저지당하지 않으며 심心과 지志를 한결같이 하다

권상일은 동갑인 초취初娶 선성김씨와 10년을 함께 살았다. 둘 사이에 자식이 있었지만 세 살 무렵 요절해, 선성김씨는 결국 혈육 한 점 남기지 못하고 세상을 떠났다. 권상일의 일기를 보면 내면의 고통을 이즈음처럼 세세하게 토로한 때는 그 이전에도 없었고, 이후로도 없다. 초취 사망 한 해 전에는 존경하던 외조부 이달의의 상사喪事로 집 안팎이 우울한 상황이었다. 병이 처음 들었을 땐 태기胎氣가 있는 것으로 착각해 집안이 잠시 들떠 있기까지 했는데, 너무도 갑작스럽게 들려온 비보였다.

죽은 그대가 땅에 들어가기 하루 전날에 슬프고 쓰라린 마음으로 한잔 술로 전[奠]을 드리며 영전에 고하오. 인생이 이와 같이 애통하고 원통하단 말이오. 산 나이 겨우 28세로 죽은 뒤 한 점의 혈육도 남기지 못했으니, 애통하고도 원통하오. 세상에 어찌 다시 이와 같은 인생이 있겠소. 세상에는 진실로 요절하는 자도 있고 장수하는 자도 있으며, 세상에는 또한 자식이 없이 죽은 자도 있지만, 요절하고 장수하는 자도 간혹 후사를 두고, 자식이 없이 죽은 자도 간혹 장수를 누리건만, 지금 그대는 어느 한 가지도 없소. 아! 슬프다. 세상에 어찌 다시 이런 애통하고 원통한 인생이 있겠소. 나와 그대가 부부가 된 지 지금까지 10년인데 자식 하나 낳았지만 세 살에 요절했으니, 그때 그대의 연약한 애간장은 이미 다 녹아 없어졌을 것이오. 그 길로 병을 얻어 여러 해를 앓으며 고질이 되었소. 매번 너그럽고 좋은 말로 온갖 위로를 하며 완쾌되어 다시 슬하에 아이의 울음소리를 듣기를 밤낮으로 바랐으나, 그 뒤로 영영 태기가 끊어졌소. 6년 동안 빈방에 서로 마주 앉았을 때, 그대가 간혹 비탄에 잠겨 한숨을 쉬며 눈물을 흘리면, "아직도 나이가 젊으니 훗날 어찌 사내든 딸이든 없겠소."라고 하면서, 이번 달에 없으면 다음 달을 기다리고, 올해 없으면 내년을 기다리며 서로 위로하며 지내고 서로 의지하며 살았소. 지금은 끝나 버렸으니, 누구와 위로하며 지내고 누구와 의지하며 살겠소.

초봄에 한 번 병이 들었을 때, 증세가 태기와 같아서 서로 기뻐하며 다행으로 여기고, 이 뒤로는 다시 다른 근심이 없으리라 여겼소. 비록 병세가 위중했으나 흔한 증세쯤으로 보여 생사는 터럭만큼도 염려한 적이 없었고, 그대도 아마 죽음은 생각하지 않았을 것이오. 그 뒤 얼마 되지 아니하여 갑자기 불구不救(죽음)에 이르렀으니, 저 푸른 하늘이시여, 이 무슨 잔인한 일입니까. 죽은 자는 원통한 마음을 품고 산 자는 의지할 데가 없으니, 아! 슬프다. 이 무슨 잔인한 일인가. 이 무슨 잔인한 일인가. 비록 세월이 갈지라도 마음은 더욱 슬플 것이니, 소용없는 슬픔은 몸을 상하게 하는 것에 불과하다고 스스로 생각하여 억지로 웃으며 말하고 스스로 마음을 달래려고 애쓰나, 지극한 고통이 골수에 사무쳐 줄곧 생각나며 잊혀지지 않소. 한밤중에는 잠을 이루지 못하고 남몰래 애를 태우며, 잠자리에 간혹 흘린 눈물 자국이 남아 있으니, 끝없는 이 고통은 죽은 뒤에야 그칠 것이오. 이 인생이 어찌 차마 잊을 수 있단 말이오. 아! 슬프오.

지난해 장인의 삼년상이 끝나자 장모도 연로하여 병이 깊어졌소. 장모께서 항상 믿고 마음을 위로하는 것은 그대 형제가 있기 때문이었는데, 갑자기 이런 변고를 당하였으니, 자애로운 마음씨에 어찌 마디마디 간장이 끊어지지 않겠으며, 지하에서도 한이 남아 또한 눈을 감을 수 없을 것이오. 그렇지만 그대가 지하로 돌아가 그대의 아버지를 모시고, 또한 곁에는 따르는 한 자식이 있을 것이니, 저승의 혼령이 즐겁고 편안하여 다시는 이러한 경상을 알지 못하지 않겠소? 내일이면 집에서 십 리쯤 되는 초동椒洞(楸洞) 언덕에 장사 지낼 것이오. 이곳은 나의 고조·증조·조부 삼대가 계시는 선영이오. 외로운 혼령이 방황하며 갈 곳이 없는 일은 아마 면하게 될 것이오. 훗날 나도 죽으면 그대와 한 무덤에 들어가 외로운 혼령이 의지할 수 있게 하겠소. 나의 마음은 유감이 없으나 모든 여러 가지 일은 반드시 마음을 다하여 처리하고, 그대의 정숙한 자질과 명민한 재주와 자상하고 온화한 마음이 통달—원문 빠짐—후세에 없어지지 않도록 하는 것이 내가 바라는 바요.

아! 모든 일이 이제 그만이오. 이 인생이 그대의 옛날 면목을 서로 볼 수 있는 길이 없으니, 혹시 꿈에서라도 자주 와 주겠소? 나 지아비는 길게 통곡하며 영결하오. 혼령이여! 아시겠소? 만약 아는 것이 있다면 반드시 차마 서로 영결은 못할 것이오. 눈물이 넘쳐흘러 이 밖에 다시 말할 바를 알지 못하겠소. 혼령이여! 부디 흠향하소서.

『청대일기』 1706년 5월 15일

초취의 장례를 치르고 겨우 6개월 남짓 만에 재취 여흥이씨와 바로 연을 맺은 것은 대가 끊길까 염려한 할머니의 강권 때문이었다. 다행히 재혼 후 안정을 찾고 과거 준비에 매진했으며, 슬하에 아들이 태어나던 해에 과거에 급제하는 겹경사를 맞았다.

그렇게 한양에 올라와 근 2년이 지나 홀로 관료생활에 적응할 무렵인 1712년 2월이었다. 부인 여흥이씨의 와병 소식에 이어 모친의 급서急逝 소식까지 들이닥쳤고, 거기에 조모까지 연이어 병석에 눕고 말았다. 이리저리 약방을 수소문했지만 결국은 그해, 두 사람 모두 세상을 버렸다. 게다가 이듬해 1월에는 종증조모까지 사망하여 집안의 안주인 모두를 거의 일시에 잃게 되었다. 아직 젖을 떼지 못하고 엄마를 찾는 어린 아들, 손자를 바라보는 권상일과 부친 권심의 심정이 어떠했을지는 상상만으로도 참담하다. 권상일은 여흥이씨의 빈소에서 성복을 한 뒤의 심정을 "할반割半", 곧 '몸의 반쪽을 베어 내는' 것과 같은 고통이라고 표현하였다. 복에 복이 겹친 대공 이상의 복상이었다.

그러나 불행은 여기서 끝이 아니었다. 젖먹이 어린아이를 둔 홀아비인 데다 집안에는 안주인이 아무도 없었기 때문에 주변에서 다시 혼인을 재촉했을 것이다. 그리고 가친을 생각해서라도 혼인을 해야만 했을 것이다. 연보를 보면, 세 사람의 대상을 모두 마칠 즈음인 1714년 11월에 삼취三聚 진성이씨와 혼인하였고, 둘째 아들도 태어났다. 그렇게 또 4년여를 보내며 한양에서 관직에 임하고 있던 때인 1719년 정월 중순, 또 한 번의 비보를 접한다. 진성이씨의 사망 소식이 그것이다. 권상일은 그때의 심정을 이렇게 일기에 썼다.

… 8일 아무시에 세상을 떴다. 이것이 무슨 소식인가? 놀랍고 가슴이 찢어질 것 같은 마음을 진정시킬 수 없다. 이렇게 반 천 리 밖에 앉아서 병이 나도 구호할 수 없고, 죽어서도 직접 염습殮襲도 못하니, 차라리 깜빡 죽어서 아무것도 몰랐으면 좋겠다. 가친과 작은아버지, 이응二應의 편지를 받았

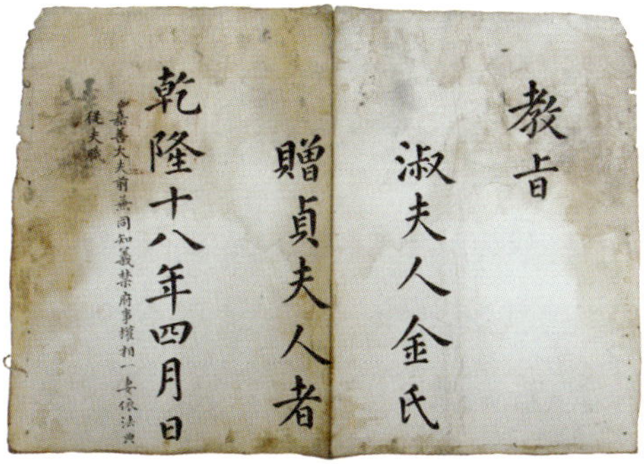

教旨
淑夫人金氏
贈貞夫人者
乾隆十八年四月日
嘉善大夫前兼同知義禁府事權相一妻依法典
從夫職

1748년(영조 24) 선성김씨 증직 교지(문경 옛길박물관 소장)

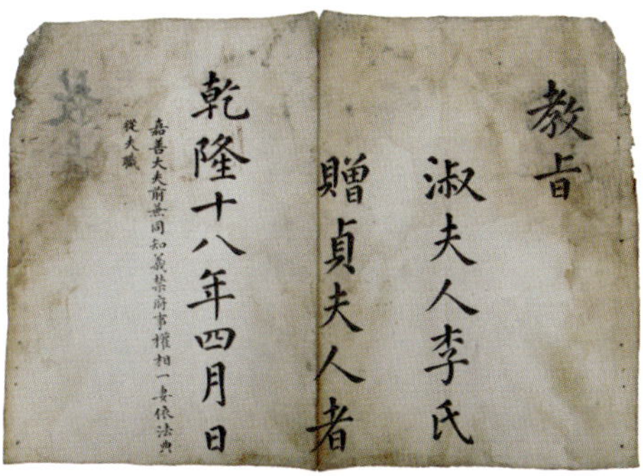

教旨
淑夫人李氏
贈貞夫人者
乾隆十八年四月日
嘉善大夫前兼同知義禁府事權相一妻依法典
從夫職

1748년(영조 24) 여흥이씨 증직 교지(문경 옛길박물관 소장)

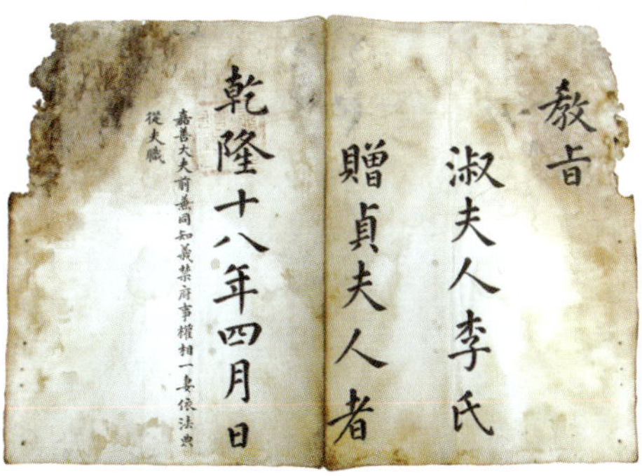

教旨
淑夫人李氏
贈貞夫人者
乾隆十八年四月日
嘉善大夫前兼同知義禁府事權相一妻依法典
從夫職

1748년(영조 24) 진성이씨 증직 교지(문경 옛길박물관 소장)

다. 가친께서 홀로 이 참혹한 지경을 당하셨으니, 외지에서 초상을 감당해야 하는 쓰라린 고통 중에 불효의 죄가 더욱 무겁다.

『청대일기』 1719년 1월 1일(내용은 중순 이후에 받은 것으로 보임)

귀향해 보니, 설상가상으로 전염병마저 돌아 가친과 어린 아들까지 앓아누워 있는 지경이었다. 집에 빈소를 차리고도 들어가 곡조차 못하고 병을 피해 다른 곳에 머물러야 했다. 고통스런 심정을 말로 다할 수 없었던 것은 권상일 본인만이 아니었다. 부친은 몸도 좋지 않으면서 괴로움에 종일 술을 마셔 쓰러져 있었고 집안 안살림을 챙겼을 숙모까지 와병 중이었다. 이런 상황에 온전할 수 있는 사람이 얼마나 될는지. 그렇게 권상일은 또 부인을 먼저 보냈다. 진성이씨 소생의 둘째도 결국은 열 살을 넘기지 못했다.

삼취三聚 진성이씨의 상례를 끝내고 난 1720년, 풍산의 이씨 어른 댁에서 소실을 맞았다. 문중에서는 자손이라도 번창하길 바랐을 것이다. 바로 아들 둘, 흡熻과 습熠이 두 살 터울로 연달아 태어났다. 그러나 풍산의 소실도 둘째 출산 후 유종을 심하게 앓는 등 건강하지는 않았다. 1740년부터 1744년 사이의 일기가 아예 빠져 있어서 그 사이 어떤 일이 있었고 풍산이씨가 언제 어떻게 사망했는지는 자세하지 않으나, 1746년에 흡의 외할머니 사망 소식을 기록하며 딸을 전달에 잃었다고 적은 것으로 보아, 그즈음에 사망한 것으로 보인다. 측실에게서는 딸도 하나 두었으나, 역시 사망했다.

그래도 1720년부터 근 10년 정도는 그나마 조금은 평화로웠다. 물론 국가적으로는 숙종의 승하로 사대부가 모두 비통한 상황을 겪었지만, 개인적으로는 1725년에 작은 행복도 있었다. 국상이 끝나길 기다렸다가, 아들을 두고 전부터 통혼 이야기가 오갔던 풍산류씨 집안과 정식으로 의혼을 맺었다. 16세가 되도록 어미도 없이 자란 장손 욱煜이 관례에 이어 혼례를 치렀고, 다음 해에는 손녀 출산의 기쁨도 맛보았다. 그렇게나마 집안이 안정되어 간다고 느낄 즈음이었다.

1729년, 부친 권심이 만경현 임지에서 사망하였다. 그 과정은 자세한 내용이 전하지 않으나, 6개월간 일기를 전폐할 정도로 권상일은 다시 한 번 비탄에 빠졌다. 76세의 연세였지만 누구보다 권상일이 의지하고 존경했던 아버지였기 때문이다. 부친의 상기喪期를 마친 권상일은 안동의 하회를 거쳐 경광서원을 돌아보고, 도산서원에 들러 퇴계 이황의 언행록을 수정했으며, 병암정과 분강서원, 광산김씨 종택인 후조당 등을 돌아보며 선조 송소 권우를 비롯해 선현들이 학문에 힘쓴 정성과 그 자취를 돌아보면서 다시 한 번 마음을 다잡았다. 그리고는 이듬해인 1734년, 사헌부장령으로 서울에 가 있으면서 백성 구휼의 소를 올리는 등 직임에 더 매진하고 있었다. 그러던 9월 어느 날, 여흥이씨 소생 장자 욱의 와병 소식이 전해졌고 그로부터 한 달 만에 사망하고 말았다. 황망한 가운데 권상일은 일기조차 이어 쓰지 못하였다. 정실 소생의 하나뿐인 자손인 아들의 사망은, 그 어느 누구의 죽음보다 더 살을 에는 고통이었을 것이다. 서울에서 아들의 와병 소식을 듣고 나서 사돈 류성화에게 보낸 편지에는, 발을 구르며 애타는 마음이 그대로 적혀 있다.

가족의 사망 소식은 여기에서 그치지 않았다. 울산부사직을 마치고 돌아온 뒤 해마다 그치지 않는 전염병과 흉년을 겪으면서 손자, 며느리들을 잃기도 했다. 1753년, 홀로 살아가는 74세의 권상일을 안쓰러워하던 손부의 아버지, 즉 사돈 성헌조成憲祖(1695~1757)가 영천에서 소실을 연결해 주었다. 그렇게 늘그막을 함께하고자 했으나 그마저 신행 온 지 몇 달 만에 전염병으로 사망했고, 측실이 낳은 딸아이도 두창(천연두)으로 죽고 말았다. 그는 더 이상 흘릴 눈물이 없을 정도로 인생에서 겪을 수 있는 상화喪禍란 상화는 모조리 겪은 듯 그저 '참담하다'고 기록할 뿐이었다.

권상일은 정실과 측실까지 평생 5명의 부인이 있었지만, 누구 하나 소홀히 대하는 법이 없었다. 재취·삼취 모두 집안의 강권으로 한 결혼이라 하여도, 일기 속에 나타난 그의 태도는 어느 누구에게도 다르지 않았고 아내가 된 사람과 처가에 최선을 다하는 모습이었다. 직접 나서지 않으면 편지조차 주고받기 어렵던 시절임에도 한 달에 두 번 이상은 꼬박꼬박 편지를 썼고 집에 있는 동안은 적어도 두 달에 한 번은 처가를 방문했다. 그것은 측실에 대해서도 마찬가지였다. 어느 누구라고 정확한 이름은 밝히지 않았지만 측실의 출신지인 풍산의 이씨 어른, 영천의 사형에게도 예우를 다하였다. 부인들이 사망한 뒤에도 각각의 처가에 대한 편지와 방문은 끊어지지 않았고, 오히려 더 처가의 소식을 챙겨 들으려 하였다. 70세가 넘어서도 초취의 고향인 두암을 방문해서 처가 친척들을 만나기도 했다.

생전 아내에 대한 행동은 요즈음의 시각으로도 참으로 배려심이 많은 남편임을 느끼게 한다. 부인의 임신, 출산 때는 꼭 처가로 근친을 보내 안정을 취하도록 했고 조금이라도 아픈 기색이 있으면 나날이 기록하며 살피고 약을 구하는 자상한 사람이었다. 평생 초취 선성김씨부터 여흥이씨, 진성이씨 등 세 부인의 기제사는 항상 손수 챙기며 제사를 지냈다. 측실들이 사망한 때는 자손들이 모두 장성하여 가정을 꾸린 상태여서 그런지 장례 외에 제사에 대한 언급은 없으나, 어디에 장사를 지냈는지까지 언급한 것을 보면 다르지 않았을 것으로 보인다. 1754년, 76세가 되어서야 권상일은 그해 12월 일기에서 더 이상 새벽 기제사를 지내기에는 스스로 버겁다고 하며, "주자朱子(朱熹)가 70세에 장손에게 전중한다.[朱夫子七十 依禮傳重於長孫]"라고 한 말을 인용하고 있다. 아마 이 시기 이후에는 장손인 복인에게 제사를 물려준 것으로 보인다.

그의 자상함은 자신의 아들, 손자나 사촌들에게도 마찬가지였다. 특히 첫아이인 욱煜의 나고 자라는 모습은 마치 요즘 아버지들이 사진을 찍어 육아 기록을 하듯이 자세히 적어 두었다. 태어난 연월일시를 기록하였고, 언제 걷고, 마마(두창)는 어찌 겪었으며, 돌날 돌잡이에서는 무엇을 잡았는지까지 세세히 적어 두었으니, 이토록 세심한 아버지가 있을까 싶을 정도이다. 아이들의 어린 시절부터 장성한 어른이 되어서까지, 그들이 결혼해 얻은 며느리와 손자들이 무슨 글을 읽었는지, 그리고 아플 때는 병이 나을 때까지 그 내용을 일기에 적어 두었다. 나이 차이가 적어 형제처럼 자란 숙부와 계부도 모두 먼저 세상을 떠났기에, 남은 사촌·육촌 형제, 조카들까지도 자기 자식처럼 염려하는 내용이 일기에 기록되어 있다. 그들의 결혼, 과거시험, 서원활동이나 관료생활까지 하나하나 신경 쓰고 기록해 두었다. 특히 사촌 권상룡이 과거와 관직 제수 후 사은숙배를 위해 서울에 가야 할 때마다 말과 종을 여유 있게 거느리고 가지 못하는 형편을 안타까워했다.

권상일은 자신의 처지가 그리 좋은 편이 아니었음에도 항상 어려운 상황에 처한 주변 사람을 먼저 눈여겨 살피는 사람이었다. 서울에서 처음 관료생활을 할 때 딱한 사정으로 급전이 필요한 사대부 지인의 이야기를 듣고서는 마치 자신의 일인 양 이리저리 돈을 빌려 융통해 주기도 했다. 또 집안의 아랫사람인 남녀 노비들의 와병이나 상사喪事도 가족의 일처럼 기록하였고, 죽은 노비의 상례를 챙기며 부조를 아끼지 않았다. 밖에서 벌어지는 일들 가운데 민간에 피해를 주는 일, 특히 농사와 관련하여 생업을 방해하는 일에 대해서는 이유를 막론하고 몹시 분노하고 슬퍼했다. 도남서원의 사당을 수리할 때도 민간을 동원해야 하는 시기가 농사일이 바쁜 때라는 점을 특히 염려했고, 서울에서는 4월

농번기에 북한산성 역사를 시작하게 된 점을 매우 통탄스러워했다. 울산부사 재임 시에는 어린아이의 군역을 줄여 줄 것에 관한 글을 올리기도 했고, 마을 인근 산양창에서 환곡을 나누어 주는 날, 비로 불어난 냇물을 보며 그 물을 건너 환곡을 받아 가야 할 사람들을 걱정하기도 했다. 또 산사에서 행하는 거접 외에 백일장처럼 많은 인원이 한꺼번에 몰려 승려들에게 폐가 되는 것을 미안해했고, 양반들이 산을 유람할 때 견여를 메는 승려들의 고된 모습을 보며 안쓰러워하는 측은지심도 드러냈다.

권상일의 평생은 가정적으로는 아주 불우했다는 말을 비껴갈 수 없을 것이다. 그러나 그렇다고 해서 스스로를 저버리며 함부로 하거나 무기력하게 시간을 허비하지도 않았다. 고통은 고통대로 느끼더라도 오늘 하루 해야 할 일을 늦추지 않았다. 권상일의 자품資稟이 큰 것을 하늘도 알았는지, 너무도 오랜 시간 큰 시련들을 거듭한 일생이었지만, 그는 그 시련에 굴복하지 않고 스스로의 중심을 올곧게 세우고 삶에 충실했다. 또한 인간에 대한 기본적인 배려를 잊지 않았다는 면에서도 권상일의 삶의 태도는 후손들에게 귀감이 될 만하다.

(2) 평생을 기록하며 항상 두려워하고 스스로를 경계警戒하다

하루를 보내고 지난 시간을 반추해 기록한다는 것은 생각만큼 쉬운 일이 아니다. 내용의 길이와 상관없이 매일매일 그것도 60년을 그렇게 온전히 기록한다는 것은 성실함과 끈기가 뒷받침

되지 않는 한 불가능한 일이다. 그러나 권상일은 그렇게 매일매일의 일을 책력에다 적어 놓았다. 그런 그의 일기를 후손들이 모아 책으로 엮어 놓아 오늘날까지 전하고 있고, 최근에는 국역일기를 통해 더 쉽게 그 내용을 알 수 있게 되었다.

그가 일기에 빼놓지 않고 기록한 것은 크게 서너 가지로 집약된다. 농사와 관련한 절기와 날씨 변화, 시장물가의 추이, 과거시험의 장소·날짜·방목 결과, 정국의 변동 상황과 포폄褒貶의 결과, 도목정사都目政事 등 관료 등용 문제, 문중 상황 및 서원을 중심으로 한 영남 사대부의 활동 등이 그것이다. 또 일기 사이사이에는 그날 적은 한시를 적어 두었고 한참 뒤에 도착하는 조보朝報였지만 중요하다고 생각하는 내용은 그대로 옮겨 놓았다. 무엇보다 일기에서 눈에 띄는 것은 일상을 기록하며 스스로를 경계하는 다짐, 잠언, 시구 등을 기록한 것이다. 권상일의 일기가 단순한 하루의 기록이 아니라, 자신을 경계하기 위한 도구였음을 알 수 있게 하는 대목이다.

권상일이 29세 겨울에 적은 일기에는 자신의 단점을 솔직하게 드러내고 극복하겠다는 다짐을 하고 있다. 그가 평생 동안 개인적인 고난을 겪으면서도 어떻게 버텨 낼 수 있었는지를 알 수 있게 하는 대목이다.

> 공경으로 몸을 간직하고, 기상은 교만하게 하지 말며, 독서는 오직 부지런히 하고, 말을 적게 하고, 남의 단점을 들추지 말며, 온화한 얼굴로 남을 맞이하고, 뜻은 검소하고 겸손함에 두며, 일은 반드시 신중하게 하고, 옷깃

을 여미고 꿇어앉는다. 나의 병통은 몸은 거만하고, 얼굴은 사나우며, 뜻은 높고 기상은 오만해 직성대로 하여 거리낌이 없고, 일을 시작하고 그침이 일정하지 않은 데 있다. 이 네 가지 병통은—원문 빠짐—복을 덜고 허물을 보태는 일이다. 그러므로 글로 써서 스스로 경계한다. 사자士子는 학문을 하지 않을 수 없으며, 학문은 마땅히 뜻을 세워 그것을 확고히 하며 분발해야 하고 사욕—과거·재물·음식·여색 등의 욕구가 가장 억제하기 어렵다.—에 마음을 빼앗기지 않아야 하며, 우환과 질병으로 저지당하거나 폐지하지 말아야 한다. 이렇게 하지 못하면 이는 변변치 못한 사람이니, 족히 무엇을 할 수 있겠는가. 내가 조용히 앉아 경敬 공부를 할 때 입지立志 두 글자를 말없이 생각하고 심心과 지志를 한결같이 하도록 공부했다.—이것 또한 마음속에 항상 생각할 수는 없다.—소재蘇齋(노수신)가 회재晦齋(이언적)를 뵙고 마음가짐의 방법을 여쭈었는데, 선생이 그의 손바닥을 가리키며 "여기에 물건이 있는데, 움켜쥐면 터지고 움켜쥐지 않으면 놓친다네."라고 말하였다.—퇴계가 말한 "마음을 붙이는 것도 아니고 안 붙이는 것도 아니다."라는 말과 같다.—사상채謝上蔡가 "사람이 진취가 없는 까닭은 단지 근본이 없기 때문이다."라고 하면서, 뜰 앞의 꽃나무를 가리키며, "이 꽃은 뿌리가 있기 때문에 일 년 내내 무성하게 크는 것이다."라고 말하였다. 이를테면 일 년 동안 날마다 동이 트기 전에 일어나 「숙흥야매잠夙興夜寐箴」, 「경재잠敬齋箴」을 암송하고, 새벽이 되면 머리 빗고 세수하고, 옷깃을 여미고 단정하게 앉아 읽었던 책의 독음을 바로잡아 글자마다 분명하게 이해하며, 반복해서 음미하여 훤하게 트이도록 익숙하게 익히되, 또한 하루 종일 송독할 수는 없으므로 간혹 조용히 앉아 침묵하며 눈을 감고 마음을 가다듬어 근본을 함양하고, 몸과 마음을 한결같이 하며, 간혹 산책으로 유유자적하며 정신을 후련하게 펼치고, 또한 구사구용九思九容으로 자세하게 마음을 점검하며, 밤에는 읽은 책을 낭송하기도 하고, 조용히 사색하기도 하다가 밤이 깊어지면 곧 잠자리에 드는 것이다. 이러한 공부는 한순간이라도 중단해서는 안 될 일이다.

『청대일기』 1707년 12월 후미

일기뿐만 아니라 편지를 통해서도 자기 수양의 중요성을 스스로에게, 또 후학에게도 항상 강조했다. 성호星湖 이익李瀷(1681-1763)에게 보낸 글과 같이 편지 속에서도 자신에 대한 반성을 늦추지 않았고, 후학 한광도에게는 학문의 요체를 세우고 스스로를 철저히 경계해야만 흔들리지 않음을 조언했다.

… 상일相一은 궁벽한 마을에서 문을 닫아 건 채, 가친을 모시고 그런대로 지내고 있습니다. 그러나 나이가 지비知非에 가깝도록 얻은 것이 전혀 없습니다. 한가로이 사는 가운데 비록 시간을 아껴 진지하게 공부를 하려고 하여도 질병이 감싸고 우환이 방해하여 의지가 또 따라서 꺾이니, 글을 읽거나 마음을 다잡거나 전심하여 이어 가지 못합니다. 오늘도 이와 같고 내일도 이와 같아서 장차 일생을 헛되이 보내어 그르침을 면하지 못할 듯하니, 한밤중에도 문득문득 부끄러운 마음에 식은땀이 등을 적십니다. 어찌 두렵지 않고 슬프지 않을 수 있겠습니까? 보내 주신 편지를 자세히 읽어 보니, 경계와 면려가 매우 진지하여 저를 버리지 않는 뜻이 아주 고맙습니다. 그리고 "의리는 무궁하고 지식은 치우치기 쉽다."라는 등의 말씀은 더욱 친절하고 적당합니다. 어찌 감히 척연惕然히 감발하지 않겠습니까? 신중히 생각하고[愼思] 밝게 분별하는[明辨] 공부에 힘을 붙이고, 미처 알지 못하였던 것을 알며, 미처 풀지 못하였던 것을 풀기를 생각하여야 할 것입니다. 그러나 오직 이 병든 몸이 만약 고심하여 깊이 생각할 것 같으면 매번 병이 더 악화됨을 느끼고, 또 곁에는 날마다 경계하여 가르쳐 줄 엄한 스승도, 서로 강마할 강한 친구도 없으니, 너무도 답답하고 한스럽습니다.

「1727년 8월, 이 군직에게 답하다」

선비는 "학술을 가림에 있어 살피지 않음과 뜻을 세움에 있어 견고하지 않음"을 근심할 뿐이네. 그렇지 않다면 나름대로 참된 공부를 할 곳이 있어야 또한 학문에 더 진취할 때가 있다네. 구구히 군에게 바라는 것은 다른 사람에 비길 바가 아니나, 다만 근래 과방科榜의 잇따른 득실은 사람을 천만 번 놀라게 하니, 정한 방향이 없으면 학문에 조금 뜻을 두었다 하더라도 문득 다른 것에 이끌리어 가는 경우가 많은데, 군은 이러한 틀을 벗어날 수 있겠는가? 우리의 마음속에 '의리義理' 두 글자를 간직할 수 있다면 저절로 뭇 사람을 따르려고 하여도 되지 않을 것이니, 천만 번 힘쓰고 경계해야 할 것이네.

「한광도 군에게 보내다」

관료 재임 시 영조와 독대하는 자리에서도 '외畏', 즉 두려워하는 것의 중요성을 이야기했지만 권상일이 항상 강조한 '지극히 두려워하는' 그 마음은 평생 동안 스스로를 자경自警하는 원천이었다. 그는 주자朱子의 "놀라서 마치 두려운 바가 있는 듯이 한다.[悚然如有所畏]"라고 하는 가르침을 가장 좋아하여, 책 표지에 쓰고 좌우에 걸어 수신修身에 노력하는 바탕으로 삼았다고 한다.

자신에 대한 경계뿐 아니라 사회에 대해서도 비판적인 시각을 늦추지 않았다. 선비들의 좋지 않은 습속을 경계하며 자신들에게 불리할 때 대놓고 헐뜯고 비난하기를 서슴지 않고 지위와 권세를 은근히 드러내기를 좋아하는 것은 통탄할 일이라고 하였으며, 주자朱子가 "그가 관직만을 아낀다면 곧 아비와 임금도 죽일 것이다."라고 한 말을 인용해 과거와 관료사회 진출에 매달리는 세태를 꼬집기도 하였다. 또한 조정에서 민간까지 무리지어 사욕을 좇는 습속이 난무하여 대중지정大中至正한(크게 치우치지 않고 공정한) 학문으로 도리를 다하는 자가 없다(『청대일기』 1712년 2월 29일)며

당대의 사회를 비판하였다. 그리고 선비와 관료사회 외에 민간에서 일어나는 사건사고를 접해서도 거기에서 깨달을 점이 있음을 이야기하였다.

들으니 검호檢湖가 가뭄으로 물이 말라 물고기를 잡던 함창 채가蔡哥 형제 두 사람이 빠져 죽었는데, 과부로 살던 그 어미가 소식을 듣고 또 목을 매어 죽었다고 한다. 참혹하다. 또 며칠 전에는 현촌縣村의 어떤 놈이 산양山陽 시장에 갔다가 돌아오는 길에 술에 잔뜩 취하여 깨지 않은 채 부벽정浮碧亭 앞 소에서 멱을 감다가 빠져 죽었다. 이들은 구복口腹의 욕심 때문에 한 순간에 죽음을 초래한 것이니, 사람들의 경계가 될 만하다.

『청대일기』 1754년 7월 11일

권상일은 일기와 편지 외에도 스스로에게 경계가 될 만한 잠언들을 모아 『경재잠첩敬齋箴帖』을 만들었던 것으로 확인되나, 안타깝게도 책을 빌려 갔던 집에 불이 나서 소실되고 말았다. 그 밖에 평소에 권상일이 지침으로 삼았을 것으로 보이는 글로 「서와일령書窩日令」이 있다. 아마도 이전에는 사랑에 붙여 놓았다가, 후에는 농청대 옆에 지었다는 존도서와存道書窩에 놓고서 명문銘文으로 삼으며 매일매일을 그렇게 보냈을 것이다. 시대를 막론해 되새겨 봄 직한 문구이다.

2경(밤 9-11시) 지나 자고, 5경(새벽 3-5시) 지나 일어나며, 때에 맞게 보고, 듣고, 말하고, 움직이며, 읽어야 할 책만 읽고, 처리할 일만 처리하며, 어느 때, 어느 곳에서도 관리하고 살피라. 어디에나 다 그렇다.[當寢而寢.

二更後 當寤而寤. 五更後 當視而視. 當聽而聽. 當言而言. 當動而動. 當讀書而讀書. 當應事而應事. 隨時隨處而提掇照管. 心無所不在.]

『청대집』 권10, 「잡저」, 「서와일령書寓日令」

(3) 가난을 핑계 삼지 말며 독서치농讀書治農하라

권상일은 평생 넉넉하지 않았다. 젊은 시절 과거시험을 준비하고 처음 벼슬길에 나아갈 때만 하여도 집안의 가세를 일으켜야 한다는 책임감이 컸던 것도 사실이나, 자신이 나아갈 길이 아님을 깨닫고 안정적인 생활을 포기했던 것이다. 권상일의 증조부 권구가 근암에 터를 잡은 무렵에도 가산이 그렇게 넉넉하지는 않았다고 기록되어 있다. 1706년, 초취初娶 선성김씨의 초상을 치를 때에는 어느 정도 경제적인 여유가 있었다. 염습을 할 때 소요되는 의복만 하여도 50점이 넘을 정도였다. 그러나 이후 부친, 중부와 계부, 그리고 자신까지 여러 차례 과거시험에 매달리면서 살림살이도 줄어들기 시작했다. 1710년, 증광시를 보기 위해 한양에 가려고 할 때는 길양식이 모자라 곡식을 꾸어야만 했고, 과거에 입격한 뒤에도 서울 반촌의 집을 구하는 것부터 도문연到門宴 등 각종 잔치와 인사치레를 할 때 소요되는 비용조차 넉넉하지 않았다. 1712년, 모친의 사망에 이르러서는 염습의 의복이 20여 점에 그치고, "가난하여 상례에 따라 장사 지낼 수가 없다."라고 말할 정도였다. 그해 10월, 재취再娶 여흥이씨가 사망했을 때는 새 옷이 없어 바로 습을 해야만 할 만큼 살림살이는 잦은 상사喪事에 점점 여유를 잃어 갔다. 1732년 4월, 순찰사의 관문에 "경내의 사대부가 중에서 빈곤한 자들을 별회의 모조로 구제해 주라."라고 하여 관아에서 대상자를 선정해 보냈는데, "우리 면은 이 상사 아저씨, 계부 및 나, 문언, 오목의 김씨 어른 등 모두 다섯 집이다."라고 기록한 데서 알 수 있듯이, 권상일의 집안은 계부와 함께 면내에서 가장 가난한 사대부 집안 중 하나였다. 그 밖에 일반 백성들과 마찬가지로 환곡還穀을 받아 되갚는 것을 고민하기도 했고, 영조의 재임 30주년을 기념해 이전의 환곡을 면제해 주는 정부 시책을 다행스럽게 여긴다는 일기 내용도 있다.

권상일은 애초에 자신의 형편이 크게 좋지만은 않은 것을 알았고, 양반이라도 생활인으로 살아가야 할 필요성을 일찍이 깨달았던 것 같다. 그리하여 그는 20대 초반부터 농사에 직접적으로 관여하고 있었다. 24세 때의 첫 일기부터 60년 동안 빠지지 않고 기록된 내용 중 하나가 농사와 관련된 것이었다. 늘 농사 시기와 날씨 변화에 민감해 하며 고민하는 내용을 담았다. 보리갈이를 시작해야 하는데 비가 적다거나, 보리를 베고 난 자리에 모를 심어야 하는데 때가 너무 늦었다거나 하는 데서 알 수 있듯이, 절기와 때에 맞는 농사 지식이 풍부했다. 또 "올해는 정초가 맑고 잔잔해서 풍년이 들 조짐"이라든지, "정월보름의 달이 어느 쪽에서 떠서 어떤 색깔이어서 흉년이 걱정"이라는 등 1년 내내 하는 농사 걱정이 여느 농부의 그것과 다름없었다. 그리고 어느 논은 모를 냈으나 어느 논은 모내기에 물이 부족하고, 올해는 보리흉년인데 봄 굶주림은 어떻게 지내야 할 것인지 걱정하는 등 아주 현실적인 고민들이 곳곳에 기록되어 있다.

그의 일기 속에 등장하는 논은 모두 아홉 곳에 이르는데 '천둥지기'라는 이름의 논은 높은 지대에 있는 까닭에 가뭄이 들 때마다 항상 모내기를 걱정하는 논이었다. 그 외에도 '탑동', '봇들', '안들', '현들', '대도들' 등 비교적 인근에 있는 들판이 있고 '두암'과 '풍산의 큰 들'이라 부르는 다소 원거리 논에서 추수한 쌀을 운송한 기록도 보인다. 권상일은 이런 논의 이름들을 적으면서 보리갈이 후 추수와 논갈이를 돌려짓는 때를 절기와 기상 상태에 잘 맞추어 하는 것이 중요한 일임을 강조했다. 관료로 재임하는 중에도 손자 복인에게 보리갈이 할 시기를 채근하는 편지를 보낸 것을 보면 그에게 있어 농사는 관료로서 맡은 책무나, 학자로서 매일같이 책을 읽고 깨닫는 것 못지않게 중요한 일이었음을 알 수 있다. 하지만 집안의 3대를 보듬어야 하고 행랑채 식솔들까지 챙겨야 했던 그에게 그 여러 곳의 논도 충분하진 않았을 것으로 짐작된다.

양반 노릇도 돈이 있어야 가능하다는 것은 권상일의 일기를 통해 확실히 알 수 있다. 특히 지방의 양반은 경제적인 여유가 뒷받침되어야만 제대로 양반 구실 하며 살 수 있었다. 과거시험은 물론이거니와 관직을 제수받아 한양에 가는 것도 일주일을 꼬박 숙식을 해결하며 가야 해서 만만치 않은 노잣돈이 소용되었다. 사직 상소를 올릴 때도 특별히 주문한 종이를 이용해야 했고, 때로는 한양에 직접 올라가서 상소를 전달해야 하는 경우도 있어

이럴 때는 의외의 비용이 지출되어야 했다. 관직에 재임할 때 허물이 생겨 의금부에 압송될 때도 자신을 추포하러 온 의금부 나장에게 얼마간의 돈을 주어야 하는 관행이 있었다. 나장에게 추포되어 가는 날 나장에게 줄 돈을 당장 마련할 길이 없다고 걱정하는 권상일의 모습에서 조선조 시기를 다시 생각하게 된다. 그러니 가난한 사대부는 온전히 명함도 내밀기 어려운 상황이 많았을 것이다.

권상일이 울산의 임지에서 돌아와 농청대에 집을 지을 때는 살림이 조금 나아진 듯했지만, 이후 근 20년을 온 식구들이 전염병을 피해 각자 방랑객처럼 이리저리 옮겨 다녀야 했고, 가족들의 상사喪事도 이어졌기 때문에 살림살이는 점점 더 팍팍해져만 갔다. 장례가 아니더라도 일상적으로 집안의 직계 조상 기제사만 해도 1년에 13차례 이상 지냈고 그 밖에 대종중의 일과 관련해서 소용되는 비용도 형편이 좋아질 수 없게 만드는 요인이었을 것이다.

관료 은퇴 입장을 분명히 하는 상소를 올린 뒤에는, 임금의 명도 있었지만 이전 인연으로 멀리는 호남의 수령 등이 보내는 선물도 있고, 때마다 상주 관아에서 내주는 식물도 있었다. 특히 임종 1년 전의 기로소 입신으로 분아分兒한 약물과 식물은 제수 음식을 마련하는 데 큰 도움을 주었다. 이와 같은 선물은 조선조 전반의 관행적인 일이었음에도 불구하고 권상일은 항상 이에 대한 미안한 마음을 기록했다. 특히 선물을 일부러 부탁하여 구하는 것은 구걸에 가까운 것이라고 하며, 가친 봉양 때문에 생선을 구하기 위해 지방 수령에게 종을 보낼 때는 몹시 부끄러워하기도 했다.

자연히 후손들에게 남은 것도 그의 사후 조금 늘어난 땅과 종택, 그리고 가묘가 전부였다. 그나마 종가의 고택도 어렵게 유지되어 오다가 제사 비용이 모자라 파는 지경에 이르렀다 하니, 10대조 권상일 때나 그 이후나 청빈한 종가임에는 다름이 없다.

4) 망중한의 시간—움집 짓고 구곡 경영을 꿈꾸다

조선조 15세기의 관료 강희안姜希顔(1418–1465)은 원예서園藝書『양화소록養花小錄』에서 "화훼를 재배하는 것은 오직 마음과 뜻을 더욱 닦고 덕성을 함양하고자 함이다."라고 했다. 권상일도 그런 뜻에서였을까. 화초와 나무를 심어 그것이 자라는 것을 지켜보며 참으로 즐거워했다. 강희안의 책을 즐겨 보았던 듯 일기에는 "강희맹姜希孟의『양화록養花錄』"이라고 쓴 뒤, 그 내용을 참고하여 화초와 나무 가꾸기에 활용했다. 그는 자신이 심은 꽃과 나무의 아름다움을 다른 사람과 함께 나누는 것을 큰 낙으로 삼았다.(다만, 강희안을 강희맹으로 쓴 것으로 보아『양화소록』의 저자 이름을 착각한 듯하다.)

어느 겨울날, 방안 화분에 심은 매화가 만발하였다. 혼자만 보기엔 아쉬웠던지 매화를 꺾어 친구인 죽애 오상원에게 보내며 편지를 동봉했다.

화분의 매화가 만발하였다. 한 가지를 꺾어 치중致重에게 보내려다가 그 참에 고시古詩 한 수를 읊어 얻었는데, 퇴옹退翁의 『매화첩梅花帖』 중 동파東坡의 시에 차운한 시의 운을 썼다.

세밑 눈서리 산촌을 뒤덮었는데, 歲暮霜雪埋山村
시린 매화 홀로 남아 처음 넋을 일깨우네. 獨有寒梅初返魂
모든 숲 온갖 꽃들 쓸쓸히 흩어진 지 오래나, 千林萬卉久蕭索
이 꽃 있어 천지의 어두움을 밝게 씻어 내네. 此花昭洗乾坤昏
손수 한 가지 꺾어다 보내려고 하니, 手折一枝欲有贈
친구가 성 동쪽 동산에 숨어 사네. 故人隱在城東園
꽃의 마음 담담하니 내 마음도 맑아지고, 花心淡淡心與潔
꽃의 얼굴 화안하니 내 얼굴도 펴지네. 花顔灼灼顔同溫
도옹이 써 남긴 매화첩을, 陶翁留寫梅花帖
새벽 창가에 펴 놓고 밝은 햇살 아래 읽어 보네. 曉窓披讀明新暾
선인에 뒤이어 시 한 수 지어 꽃과 함께 들려 보내니, 續成一詩伴花去
어스름 저녁이면 매화와 시가 대사립문에 이르겠지. 薄暮花詩到竹門
끝없는 이 내 마음 누가 다시 알아주랴, 此意脈脈誰復識
그대 만약 매화에게 물어 보아도 매화는 말하지 못하리. 君若問花花不言
봄 오면 산사의 약속 다시 찾고자 하노니, 春來欲尋山寺約
그때 함께 자세히 토론하고 한잔하세나. 細與討論斟一尊

『청대일기』 1722년 12월 19일

또 '죽취일'이라고 하여 음력 5월 13일은 대나무 심기에 적당한 날이라며 뒤뜰에 오죽을 옮겨 심고 국화를 식생했다. 종가의 안팎뿐 아니라, 울산부사로 재임하던 시절엔 동헌 뜰에 백일홍을 심고, 연못에는 연꽃, 연못가에는 국화·대나무·수양버들 등을 심기도 했다. 근암마을에서 조금 떨어진 존도리에 있는 농청대 주위에도 나무와 꽃을 심으며 평생 아끼고 가꾸었다.

> 이곳은 하늘이 내린 명승지로 내가 전부터 매우 사랑했던 곳인데, 매번 이곳을 지날 때면 반드시 올라가 시를 읊고 돌아오곤 했다. 꼭 훗날 내가 공부하면서 수양하는 장소로 삼겠다고 생각하여 절구 한 수를 읊어 회포를 부쳤다.
>
> 위에는 푸른 바위 아래는 소, 　上有蒼岩下有潭
> 중간에 두어 칸 집 들어설 수 있겠네. 　中間容得數間菴
> 정녕 늘그막에 쉴 곳으로 계획하였기에, 　丁寧晩日藏修計
> 강산에 분부하여 나의 말을 기억하게 하네. 　分付江山記我談
>
> 『청대일기』 1707년 9월 5일

농청대 누대와 주변의 산수는 그가 젊어서부터 아끼고 사랑하여 노년을 보내기로 다짐한 곳이다. 그는 주자의 무이구곡武夷九曲처럼 산 좋고 물 좋은 곳 아홉 구비를 터전으로 삼아 청대구곡을 경영할 작정이었다. 바로 실행에 옮겨 이곳에 꽃과 나무를 심고 집을 짓기로 하였다. 이 계획은 1725년 2월에 비로소 시작되었는데, 후에 자신의 호로 삼은 당호 졸수재拙修齋의 터를 농청대弄淸臺 서쪽 기슭 수십 보 거리의 너럭바위(龜巖) 위에다 닦았다. 그리고는 집을 짓기 전에 토지신에게 고유하는 제사를 지냈다. 집을 짓고 담장을 올리는 일이 척척 진행되어 다음해 3월에는 소나무 70여 그루를 냇가 서쪽 언덕에 식재하였고, 국화 한 두둑을 심기도 했다. 그러나 여러 사정으로 마무리를 짓지 못하고, 10

년도 더 지난 1739년에야 드디어 삼 칸 집을 완성할 수 있었다. 그 사이 전염병 유행과 여러 우환이 있었고 서울, 만경현, 울산부로 옮겨 다니며 내외직의 관료 생활에 몸담느라 어수선했던 까닭이다.

농청대와 나란히 금천을 바라보는 곳에 지은 집은 존도서와尊道書窩라 이름하였다. 문집에 전하는 「존도서와기尊道書窩記」는 이 집을 짓고 나서 쓴 기문이다. 기문에서, "존도는 촌의 이름에서 따온 것이지만 '존存'을 '존尊'으로 바꾼 것은 학문에 더욱 정진하는 의미를 담은 것"이라 하고, "평소 세속을 멀리하고 자연과 더불어 살며 학문에 전념하려는" 꿈을 이룬 것이라 하였다. 그리고 주변 자연의 아름다움만큼이나 주인 스스로 마음 가꾸기를 경계하는 의미에서 이 글을 쓴다고 하였다. 1752년 5월에는 김룡사의 양진암에서 판목板木을 얻어다가 존도서와의 재齋와 헌軒에 편액을 다시 새겨 걸기도 했다. 원래는 박필기·최석신이 쓴 글을 각각 걸었으나, 판목이 작아 새길 수 없었으므로 한계헌寒溪軒 세 글자는 회옹晦翁의 「경재잠敬齋箴」에서 '한寒' 자를 본떴고, '헌軒' 자는 변邊을 집자集子하여 완성하였으며, '계溪' 자는 자필로 썼다.

집을 짓고 나니, 대승사 윤필암의 승려가 노송 100여 그루를 보내 주어 그것도 농청대 주변에 나누어 심었다. 물레방아를 만들고, 연못에는 연꽃을 심었으며, 농청대 앞 물가 관어담觀魚潭에는 위성류渭城柳를 얻어다 심었다. 관어담에는 어량魚梁을 놓으면 하룻밤 사이 30마리가 잡힐 정도로 은어가 많았다. 농청대 주변

아름다운 경치 속에서 책을 보다가 때때로 허기진 배까지 채울 수 있었으니, 그야말로 신선이 노닐 만한 곳이었다. 권상일은 존도서와의 풍경을 이렇게 적어 두었다.

> 방안에는 서가와 문방사우, 거문고, 매화꽃 화분이 있고, 밖에는 송죽과 백로, 맑은 시내와 청풍, 구름이 아름다움을 더하며, 또 자연과 벗하며 생업을 일구는 사람들이 있어 좋다.
>
> 『청대집』 권10, 「잡저」, 「서와기사書窩記事」

권상일은 농청대를 가장 중심에 놓고 금천 위에서부터 차례로 아홉 구비를 정해 청대구곡淸臺九曲이라 이름하고, 주변의 아름다운 경치에다 성리학적 이상향을 가미하였다. 청대구곡은 제1곡 우암愚巖부터 제2곡 벽정碧亭, 제3곡 죽림竹林, 제4곡 가암佳巖과 제5곡의 청대淸臺, 그리고 그 아래에 있는 제6곡 구잔溝棧, 제7곡 관암觀巖, 제8곡 벌암筏巖, 제9곡 소호蘇湖까지이다. 지금은 풍경이 변해 농청대나 주암정같이 대臺나 정亭이 있는 곳 외에는 그냥 지나쳐도 잘 모를 만큼 평범한 곳이지만, 당시에는 권상일의 제자 근품재近品齋 채헌蔡瀗(1715-1795)도 석문구곡石門九曲을 정해 금천 주변의 9곡을 이야기할 만큼 큰 의미를 지니고 있었다. 농청대와 근암마을, 그리고 그 주변 곳곳은 모두 권상일이 실제 성리학을 읽고 가르치는 곳이자 성리학의 이상을 꿈꾸기도 하는 그런 공간이었던 것이다.

제1곡 우암愚巖

일곡이라 우암이 안고서 열리지 않으니,	一曲愚巖擁不開
바위 앞에 흐르는 물은 절로 돌아가네.	巖前流水自縈回
내 집은 다만 시내 서쪽 가에 있거늘,	我家只在川西畔
동자와 때때로 노닐며 몇 번을 오가나.	童子時遊幾往來

제2곡 벽정碧亭

이곡이라 산이 높고 푸른 기운 떠 있는데,	二曲山高翠欲浮
고인의 띠집이 겹겹이 쌓인 언덕에 기대어 있네.	故人茅棟倚層丘
가벼운 돛대 날카로운 노 언제 움직일까,	輕檣利檝何時動
서쪽 언덕 바위에 작은 배 하나 가로지르네.	西岸巖横一小舟

제3곡 죽림竹林

삼곡이라 우뚝 자리한 회로당은,	三曲巍然會老堂
뛰어난 인물들이 남긴 유법이 해와 별처럼 빛나네.	藍田遺法日星光
원컨대 영원히 저버리지 말아서,	願言永世行無廢
앞의 맑은 시내처럼 길이길이 흐르기를.	前有清川袞袞長

제4곡 가암佳巖

사곡이라 물고기가 가득 연못에서 뛰고,	四曲洋洋魚躍淵
동쪽으로 보니 창석이 평전에 우뚝하네.	東看蒼石矗平田
배를 타고 노를 두드림은 진실로 한가한 일이니,	乘流鼓枻眞閒事
아침저녁으로 바위 앞에 작은 배를 매네.	早晩巖前繫小船

제5곡 청대淸臺

오곡이라 중간에다 지은 작은 누대, 五曲中蟠作小臺
서쪽 바위 백 척 높이 버티어 솟아 있네. 西巖百尺執崔巍
움집 안에 백발노인 한가로이 일 없어, 窩中白髮閒無事
성현의 남긴 글을 책상 위에 펼치네. 賢聖遺編案上開

제6곡 구잔溝棧

육곡이라 산비탈에 낸 길이 위태롭고, 六曲山阿棧路危
돌을 안은 긴 도랑 천천히 흘러가네. 長溝抱石去遲遲
서쪽의 유시에 사람들이 다투어 모이니, 西看柳市人爭集
돌이켜 신농씨가 교역하는 때를 생각하네. 緬憶神農交易時

제7곡 관암觀巖

칠곡이라 구불구불 두 물이 가로질러, 七曲逶迤二水橫
남으로 달리고 서로 돌며 다투는 듯하네. 南奔西轉執如爭
중간에 나뉘고 끝에 합함이 원래 천리거늘, 中分末合元天理
소호에 이르지 못해서 한 길로 흘러가네. 未到穌湖一道行

제8곡 벌암筏巖

팔곡이라 창연히 가파른 벽 기이하니, 八曲蒼燃峭壁奇
주옹의 풍영대가 여기에 있네. 周翁風詠在於斯
바위 사이 고적은 두 글자 전서이고, 巖間古蹟篆雙字
눈 아래 고산은 누에의 눈썹이네. 眼底孤山蠶一眉

제9곡 소호蘇湖

구곡이 장차 끝나고 산도 또한 다하니,	九曲將終山亦窮
무이촌이 언덕 가 동쪽에 자리하네.	武夷村在岸邊東
원두의 물은 들판 가까이에 이어지는데,	淵源水接乎郊近
청원정에 남아 있는 고벽은 비어 있네.	淸遠亭留古壁空

『청대집』 권3 시詩

경체정(좌)과 주암정(우)
이 보이는 금천 풍경

우암정
(왼쪽 바위에 '우암채공장수지지
友巖蔡公藏修之地'란 각자가 있음)

종가의
역사

2 안동, 영주, 예천, 상주, 문경을 아우른 족적 —학맥과 혼맥

안동에 살던 권상일의 선조 권대기權大器 및 권우權宇와 퇴계 이황의 사승관계, 눌곡의 장손인 권익창權益昌이 김성일과 류성룡의 문하를 거쳐 월천 조목의 문인으로 활동했던 사실, 고조부 권익린權益隣(1583–1660)이 여헌 장현광의 문하에서 수학했던 것은 영남 사림에서의 권상일의 입지와 외연을 넓히는 후광과 같은 것이었다. 영조가 조정 대신들 앞에서 권상일에게 가세에 대해 하문할 때, "신의 5대조(송소)와 6대조(대기)는 모두 선정신先正臣(유현으로 학덕이 높았으나 현재는 작고한 신하) 문순공 이황에게 수업하였사오며, 그 후에는 대를 이어 유학을 업으로 삼아 소과를 한 이가 있사옵니다."라고 대답했듯이, 안동의 선조뿐 아니라 권구, 권이칭, 권심

등도 가학의 전통을 이어 퇴계, 여헌의 영남학파를 계승한 인물들이었다.

서중리 청대종가와 통혼한 성씨의 면면을 보면, 안동의 선조 때부터 이어진 인연이 지속적으로 반복됨을 알 수 있는데, 이는 안동·예안·영주·예천·의성 등지의 오랜 토호[豪族] 성씨들이라는 점 때문이기도 하지만, 주로 학문적 사승관계에서 비롯되었음을 알 수 있다. 권상일 가의 가계 내력을 보면, 선대·당대·후대의 통혼 성씨가 무엇보다 퇴계 이황의 문인들과 학봉 김성일·서애 류성룡·여헌 장현광 등과의 사승관계, 그들과의 친인척 관계, 그리고 이 네 인물의 교유인 집안과 이어진다는 공통점이 확인된다. 이는 안동 풍산의 진성이씨, 천전의 의성김씨, 하회의 풍산류씨, 구미의 인동장씨 등을 중심으로 지역적으로는 영남 북부의 안동·예천·예안·내성(봉화)과 중부의 구미·선산까지의 지역을 망라하여 분포되어 있는 지파들이다.

이들 성씨의 대표적 가문은 학문적으로 이황을 계승하고 김성일의 문인이자 장현광·황여일과 교유하였으며 약포 정탁의 친우였던 경주이씨 이개립 집안, 농암 이현보의 조카이자 이황을 사사한 예천권씨 권국량 집안, 류성룡의 매부인 예천 용궁의 여주이씨 창암공 이윤수 집안, 류성룡의 문인이었던 김대현과 이개립의 제자인 김응조 부자의 풍산김씨 집안, 예안의 토호[豪族] 집안인 선성김씨 김담을 선조로 하고 이황을 사사한 권우의 문하에 있던 두암 김우익 집안, 김우익의 손자 합집당 김종호 집안과 연관된다. 김종호의 외조가 김응조이고 김응조의 모친이 김성일의 아들 김굉의 딸이니 사승과 인척 관계가 얽혀 있음을 알 수 있다. 또 여주이씨 이윤수의 사위는 약포 정탁의 아들인 청풍자 정윤목인데, 그는 정구·류성룡을 사사했다. 청풍자의 후손들은 예천 삼강에 우거하고 있다. 또 대표적인 네 성씨 집안과 사승 및 척분으로 맺어진 평해황씨, 영천이씨, 해주오씨, 전주이씨, 봉화금씨, 평산신씨, 파평윤씨, 흥양이씨, 풍양조씨, 함양박씨, 남양홍씨 등이 청대종가와 혼반으로 얽혀 있다. 안동·예천·의성·구미·영천 등 문경·상주를 남북으로 연결하는 지역에서 같은 성씨의 지파들과 세대를 망라해 계속적으로 이어지는 양상이다.

또한 이황 문하에 있었고 청주정씨 정윤목의 집안과도 관련 있는 순흥안씨, 청대 종가가 예천 지금곡에서 서중리 근암에 이거한 뒤에 혈연관계를 맺은 전주이씨 활재 이구의 후손을 비롯해 부림홍씨·개성고씨·축산竺山(예천 용궁)전씨全氏·인천채씨 등과 상주의 대표적 사림 정경세 집안인 진주정씨와도 통혼하였고, 그 외에 진주강씨·경주손씨·여산송씨·창녕성씨·반남박씨 등과도 혼맥으로 이어졌다.

청대종가 400여 년의 역사 동안 혼반관계의 성씨 중에는 수적으로는 경주이씨가 가장 많고, 예천권씨·진성이씨·흥양이씨·함양박씨·평산신씨 등이 그 다음으로 많았다. 안동 눌곡의 선조 권대기가 이황의 재종질과 혼인한 데서부터 진성이씨와의 인연이 이어졌는데, 이황의 6세손, 통덕랑 이유의 딸을 권상일이 삼취三聚로 맞게 되었고, 아들 흡과 재종사촌도 진성이씨와 혈연관계를 이어 나갔다. 또 권상일의 선대와 생전인 당대에 가장 많은 인연을 맺은 성씨가 경주이씨인데, 이는 권상일의 외가이기도 하다. 권상일의 후손들이 가장 많이 혼인한 성씨는 예천의 예천권씨로 확인된다. 권상일의 내외, 처족의 주요 인물과 성씨는 다음과 같다.

1) 내 · 외족

(1) 안동 눌곡 종손 권익창權益昌(1562-1645)

자는 무경茂卿, 호는 호양공湖陽公이다. 어려서부터 총명하여 스스로 학문을 익히니 당숙 권우가 크게 기대하였다. 경학에 침잠하고 벼슬에 큰 관심을 두지 않았다. 월천月川 조목趙穆(1524-1606) 문하에서 수학했다. 유고로 『호양집湖陽集』이 있다. 권상일의 고조부 권익린이 부친 권우의 급서 후, 재종형 익창에게 수학하였다.

(2) 봉화 유곡의 안동권씨 복야공파 권두경權斗經(1654-1725)

자는 천장天章, 호는 창설재蒼雪齋이다. 충정공忠定公 권벌權橃의 5세손으로, 조부는 군자감정 석충碩忠이며, 부친은 유濡이고, 모친은 예안김씨禮安金氏이며, 배는 김시온金是榲의 딸이다. 이현일李玄逸의 문인으로 이재李栽 등과 교유하였다. 1679년(숙종 5)에 사마시에 합격하였다. 1710년 문과에 급제하여 성균관직강·전라도사에 임명되었으나, 부임하지는 않았다. 1723년(경종 3) 홍문관부수찬이 되었다. 저서로는 『창설집』이 있고, 편서로는 『퇴계선생언행록退溪先生言行錄』과 『도산급문제현록陶山及門諸賢錄』이 있다. 권상일은 권두경의 『계문제자록溪門弟子錄』, 『이학통록범례理學通錄凡例』 등에 큰 기대를 가졌다(『청대일기』 1724년 9월 16일). 그리고 그의 사망 소식이 들려오자 영남 대가 선배들의 연이은 죽음을 애통해 했다.

(3) 증조모, 모친의 집안 경주이씨

권상일의 증외고조부인 경주이씨 이익李瀷(1579~1624)의 자는 형여泂如, 호는 간옹艮翁·옥포玉浦이다. 이자침李自琛의 증손으로, 조부는 이난李鸞, 부친은 판관 이유일李惟一이다. 모친은 참봉 민덕룡閔德龍의 딸이며, 처는 엄인록嚴仁祿의 딸이다. 충주에 거주했으며 1612년(광해군 4) 사마시에 합격하고, 그해에 식년문과에 을과로 급제해 장령에 이르렀다. 외조 민덕룡의 처부인 평산신씨 신길원에 대해 권상일이 글을 남겼다. 권상일의 조부 권이칭이 서울에서 출생했다는 것으로 보아 외조 이익의 관료생활 때 외가인 서울에서 거주했던 것으로 보인다.

권상일의 외조부인 경주이씨 이달의李達意(1616~1705)의 자는 이정以正, 호는 석촌石村으로, 예천 용문 하금곡에서 이주해 영주 갈산에 우거했던 성오당省吾堂 이개립李介立의 증손이다. 1654년 진

사시에 이어 문과에 급제하여 정자正字, 박사博士, 전적典籍을 거쳐 예조·형조·공조 좌랑과 함안군수, 서천군수 등을 역임하고, 삼척부사에 이르렀다. 경신출척庚申黜陟으로 사임하고, 학문 연구와 후진 교육에 힘썼다. 80세에 통정대부通政大夫에 올랐다.

권상일에게 증외고조부인 이익과 외조부인 이달의는 모두 경주이씨 국당공파 이천李蒨의 후손인데 이천의 3자인 제정공 이달충은 이개립, 이달의의 직계 선조이고, 4자 정순공 이성중은 이익의 직계 선조가 된다. 권상일은 영주의 갈산, 석종 등지에 거주했던 외종숙 이성익, 외종조부 이적의, 외증조모 나주박씨 등의 집안, 또 이모부인 배진귀, 이종사촌 배창대 등과 지속적으로 연락하며 인맥을 넓혀 갔다.

(4) 고조모 순흥안씨, 조모 예천권씨

고조부 권익린의 장인인 예천의 순흥안씨 안명남安命男(1558-1613)은 안경빈安敬賓(1526-1574)의 자손이다. 안경빈은 이황의 문하에서 수학했고, 백담 구봉령具鳳齡과 교유하였다. 1558년에 문과에 급제하여 단양군수를 지냈으며, 구봉령이 쓴 만사가 있다. 부친은 안직安溭이며, 모친은 부호군 안동권씨 권극균의 딸이다. 선조가 조선 초에 고려에 대한 절의를 지키다 예천 지역에 구금되면서 입향하게 되었다.

조부 권이칭의 장인 예천권씨 권국주權國主는 예천 용문면 하금곡리의 선비로 이 지역에 세거하던 집안이다. 세조 때의 문신이

자 무오사화의 화를 입은 권오복權五福(1467-1498)의 후손으로 권오복은 5형제 중 셋째이고, 다섯째 권오상의 손자가 권문해이다. 권국주의 처는 함양박씨 박종린의 증손녀이자 박수약의 딸로, 남편에 대한 열행烈行으로 효열각이 세워졌다. 권상일의 손서 박태경도 이 함양박씨 집안의 태생이다.

2) 처족

(1) 선성김씨 김가주金可柱(1649-1703)

자는 백능伯能이며, 1681년 생원시에 합격했다. 선성김씨는 예안의 오랜 세족으로, 세종 때 천문학자 김담의 5세손인 두암斗巖 김우익金友益(1571-1639)이 우금으로 이주하였는데, 그의 손자 함집당 김종호의 아들 3형제 중 첫째가 김가주이다. 김종호의 12촌 형인 김종부는 『계암일록』을 쓴 김륵의 증손이다. 김우익은 송소 권우와 류성룡의 문인인 유연당 김대현의 문하에 있었다.

권상일이 1704년 12월 일기 뒤에 첨부한 장인 김가주에 대한 만사를 통해 생전에 장인이 선영 옆이자 별장 근처에 있는 감천을 두고 노년을 보내기에 좋은 곳이라 여겼음을 알 수 있다. 이어서 권상일은 김가주가 감천이 사위와 딸이 있는 곳과 조금 가까우니 자주 볼 수 있을 것이고 자주 보지 못하더라도 소식은 자주 전할 수 있을 것이라 하였다는 말을 인용하면서, 그의 짧았던 생애를 애통해 하였다. 권상일은 두암, 감천의 처족들과 어릴 때부터 함께 공부하던 사이로, 초취 부인과 별개로 그들과의 우정도 평생 이어졌다. 장인의 초상에 이어 처조모, 초취 선성김씨가 차례로 사망하였는데, 특히 어릴 때부터의 친구이자 처남인 김대칙의 급사는 권상일에게 크나큰 슬픔이었다.

선성김씨와 안동권씨 가는 송소 권우와 사승의 인연으로 선대부터 혈연관계가 이어졌고, 후대에는 권상일의 증손자와 현재 10세손이 또 예안 선성김씨와 혼인하여 오랜 혼반의 역사를 이어가고 있다.

(2) 여주(여흥)이씨 이만영李萬英(1640-?)

예천 용궁 무이의 입향조 창암滄庵 이윤수李潤壽(1545-1594)의 차자인 이찬의 손자이다. 조부 이찬은 인조의 병을 치료한 유의로 알려져 있다. 1673년 식년시에 생원으로 입격하였다. 재취 여흥이씨의 아버지이다. 창암 이윤수는 류성룡의 매부였고, 약포 정탁의 아들인 청풍자 정윤목을 사위로 두었다. 권상일은 정윤목의 6대손인 예천 삼강의 정필복을 두고 숙질 관계라고 말하였다.

3 종가의 후손들

종가에서 종통宗統을 이어 가는 일은 그 무엇보다 중차대한 일이다. 계자를 들여서라도 장손의 혈맥을 이어야 하는 것이 종가의 숙명이었다. 조상들이 약오若敖의 귀신이 되는 불효는 막아야 하는 것이 종손의 역할이자 책임이었다. 권상일은 정실 소생들이 모두 죽고 대를 이을 자손이 없었으므로 안동 이계의 송소 종가에서 후손 천걸의 아들 복인을 장자 욱煜에게 출계하여 손을 이었다. 복인은 측실의 아들들인 흡, 습과 함께 권상일을 대신해 성묘를 하고 제사 지내는 일을 도맡아 하였다. 특히 장손의 역할로 종가를 대표하는 일에는 복인을 보냈고 권상일의 노후에는 상소문을 대필시키기도 하였다. 권상일은 생전에 증손자 준遵

이 혼인하는 것까지 보았다.

증손자 준에 이어 7세손인 잉손仍孫 응희 대까지는 다복하게 이어 왔으나 한말과 일제 시기를 겪는 동안 종가에도 근대 혼란기의 영향이 있었다. 7세손 응희와 응정 두 형제는 의병활동에 직·간접적으로 참여하여 잠시 피신을 하기도 했다. 그 때문인지 종손 응희는 대를 잇지 못하고 응정의 아들 기현을 계자로 삼았으니 그가 8세손 기하이다. 그러나 8세 종손, 종부가 1951년 전염병에 걸려 나란히 사망하면서 다시금 종가의 문화가 단절되었다. 그 당시 9세 종손의 나이는 겨우 26세였으니, 종가의 안살림도, 바깥 살림도 모두 흔들릴 수밖에 없었다. 그러나 비록 외지에서 생업을 지속하였지만, 1990년대 후반에 9세손과 현재의 10세손이 낙향하여 묘소를 비롯한 종가의 살림살이를 하나하나 점검하고 남은 유물도 기증하면서, 청대종가는 학술적으로 먼저 주목을 받고 다시 한 번 빛을 발하게 되었다.

권상일 후손 중에는 4세 현손이 되는 권세영이 생원에 합격하여 문한의 전통을 이었다. 6세손 재묵은 권상일의 개시장改諡狀을 작성한 낙파洛坡 류후조柳厚祚의 아들 계당溪堂 류주목柳疇睦의 문인으로 활동했다. 권세영·권병헌·권재묵 모두 상주·문경 지역을 망라하여 대표적인 유림 가문의 후손으로서, 서원과 문회에서 지속적으로 자리매김하였다. 그러나 종가에도 권상일 이후 후손들의 자료는 거의 남아 있는 것이 없다. 따라서 여기에서는 다른 이들의 기록 속에 산재하는 이름을 확인하여 서술하였다.

고조	증조	조	부	불천위	자	손
익린益隣	구坵 생원	이칭以偁 이임以任 이기以起 이주만李胄萬	심深 소潚 한澣 김대령金大齡 박성만朴成晩 김세홍金世洪 이성석李聖錫 황우규黃禹奎 조세주趙世舟	상일相一	욱煜 흡熻 습熠 김일동金一東 장지식張趾栻	복인復仁 박태경朴泰慶 김중주金中柱 이정주李正胄

증손	현손	내손	곤손	잉손	운손
준遵	세영世永 수영守永	병헌秉憲 병호秉琥 병규秉珪 出 강헌영姜憲永	재묵在默 유진보柳進輔 전구현全龜鉉 강존형姜存馨	응희應僖 응정應靖 정동한鄭東翰 권기환權琦煥 박형진朴衡鎭	기하 노병극 정재훈 고영욱

1) 장자 권욱權煜(1710–1734), 손자 권복인權復仁(1738–1787)

권욱의 자는 덕명德明이다. 권상일의 재취인 여흥이씨 소생의 장자로, 3세에 모친을 잃고 재종조모들의 손에 자랐다. 10세 전에 경사를 다독하였고 13세에 이미 46부賦, 50–60구의 시를 써 권상일의 기대가 컸다. 16세에 하회의 풍산류씨 류성화柳聖和(1668–1748)의 딸과 혼인하여 딸 셋을 두었다. 류성화는 서애 류성룡의 직계 5세손으로, 가문 간에 이미 오랜 인연이 있었고, 류성화의 손자 류종춘柳宗春은 1786년 권상일을 근암서원에 배향할 시 신주의 봉안문을 작성하였다.

1727년 2월, 권욱은 아버지 권상일에게 우선 과거공부는 접고 글을 읽고자 한다며 허락을 청하였다. 권상일도 그 뜻이 나쁘지 않다고 생각해 허락해 주었노라고 일기에 적었다. 거접도 다니고 문회나 학사에도 열심히 출입하여 권상일이 늘 흐뭇해 했다. 권욱은 성품마저 고고하고 강직하였으며 좋은 의지와 품행이 있었다고 한다. 권상일이 사헌부장령으로 서울에 있던 해 9월에 와병 소식을 들었으며, 바로 다음 달에 사망하였다. 그즈음 절에서 거접을 하였다고 하는데, 아마 외지에서 병을 얻은 것이 아닌가 싶다. 권욱의 딸 셋 모두 조부인 권상일이 직접 여의었는데, 예천의 함양박씨 박태경朴泰慶, 내앞의 의성김씨 김중주金中柱, 상주 중모中牟의 전주이씨 이정주李正胄가 손서들이다. 안동 이계의 송소종가 권익민의 후손인 천결의 아들 복인을 계자로 삼았다. 권욱이 장인에게 보낸 편지들이 하회 풍산류씨 가의 소장 유물로 남아 있는데 강직하면서도 자상한 마음 씀씀이가 부친 권상일을 많이 닮았다. 또 외조부 류성화를 극진히 살피는 손자 복인의 편지도 남아 있다.

권복인權復仁(1738-1787)의 자는 내백來伯이며, 호는 수은睡隱이다. 전주이씨 이여성의 딸을 맞았으나 일찍 사별하고, 영천의 창녕성씨 성헌조의 딸과 혼인하였다. 성헌조의 호는 송재松齋로 1726년 식년시 문과에 급제하였고, 사헌부감찰·예조정랑 등을 지냈다. 권상일은 아들의 장인인 류성화와도 그랬지만, 성헌조를 '성 정랑', '술초'라고 호칭하며 자주 왕래하고 각별한 친분을 보였다. 권욱과 권복인에 대한 유물은 각각 권상일의 증직에 따라

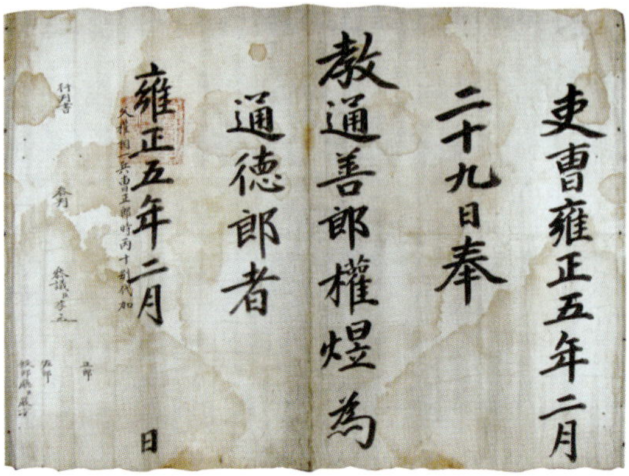

吏曹雍正五年二月二十九日奉
敎通善郞權煜爲
通德郞者
雍正五年二月 日

1727년(영조 3) 권욱 교지(문경 옛길박물관 소장)

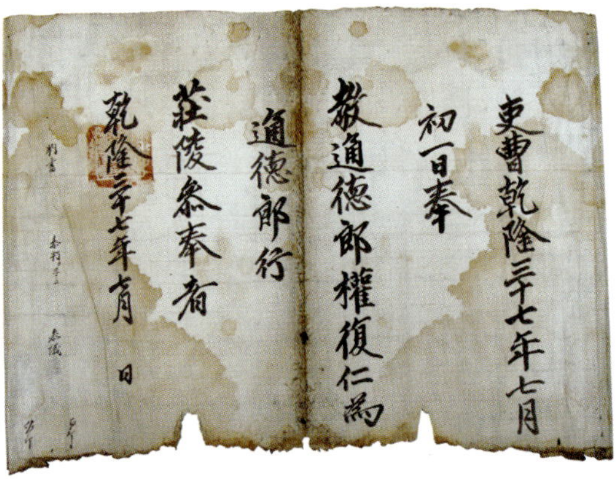

吏曹乾隆三十七年七月初一日奉
敎通德郞權復仁爲
通德郞行
莊陵參奉者
乾隆三十七年七月 日

1772년(영조 48) 권복인 교지(문경 옛길박물관 소장)

제수되었던 통덕랑의 교지가 남아 있고, 1772년(영조 48)에 권상일의 후손들을 조용調用하라는 영조의 명에 따라 장릉참봉에 제수된 교지가 남아 있다.

2) 권세영權世永(1778-1860)

권상일의 현손이다. 자는 공뢰公賴이고, 호는 만포晩圃이며, 1819년(순조 19) 사마시에서 생원에 입격하였다. 상주의 유림인 인천채씨 채시옥 가와 혼인하였다. 생애와 행적에 대해서는 족보와 여러 곳에 현전하는 고문서 속의 이름, 그리고 종가에 있는 생원 교지 외에는 남아 있지 않다. 권상일의 척족 중 한 성씨인 예천권씨 권주환權胄煥(1825-1893)의 『금서유집琴棲遺集』에 그의 제문이 전한다. 권주환은 예천 하금곡 권문해의 자손이며, 정재定齋 유치명柳致明(1777-1861)의 문하에서 수학하였다. 제문에서 권세영에 대해, "송암 권호문을 계통으로 하고 졸수재의 재주를 타고나서 가학을 계승하였으며 학문을 토론함에 문단에서도 알려졌다. 그러나 때를 맞이하지 못해 산림에 은거하며 군자의 도리를 다했다."라고 하였다. 유고로 『만포유집』을 남겼다고 하나 아직 확인되지 않는다.

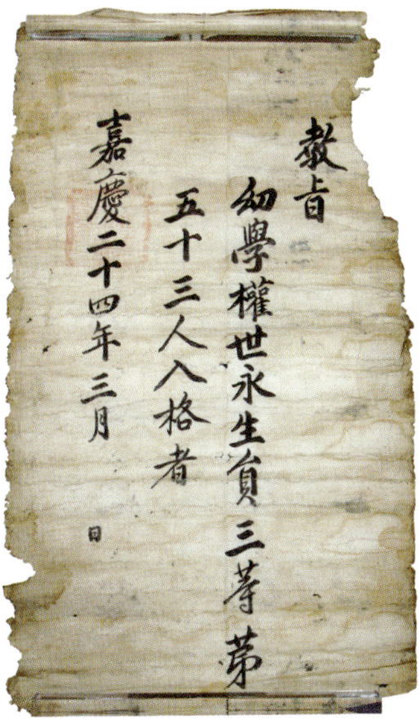
敎旨
幼學權世永生員三等第
五十三人入格者
嘉慶二十四年三月 日

1819년(순조 19) 권세영 생원 입격 교지
(문경 옛길박물관 소장)

고조부 권상일과 마찬가지로 서원활동에 적극적으로 참여했던 것으로 보인다. 근암서원, 도남서원 등에서 활동했던 것으로 보이는데 근암서원에서 병산서원에 보낸 통문에 이름이 있고, 1835년 도남서원에서 옥산서원과 임고서원으로 보낸 '우복의 위판봉안례'에 참석해 주길 요청하는 통문을 작성했다는 기록이 있다. 또한 진주 덕산 덕천서원의 1833-1897년 임재록臨齋錄에도 생원 권세영의 기록이 있는데, 고조부에 이어 재임으로 활약한 것인지, 동명이인인지는 정확하지 않다.

3) 권재묵權在默(1828-1893)

권상일의 6세손(곤손)으로 자는 용경用卿이며, 호는 상암商嵒·보전당寶田堂이다. 안동김씨 도정都正 김석근金祏根의 딸과 혼인하였다. 선조들과 마찬가지로 학행을 이어 갔으며, 권상일의 시호 개시장을 작성한 류후조의 아들 계당溪堂 류주목柳疇睦(1813-1872) 문하에서 수학하였다. 류주목은 류성룡 아들 류진의 7세손으로 이황, 류성룡, 정경세, 정종로와 조부 류심춘을 이어 성리학의 계통을 이어 간 학자이다. 상주에 우거하며 도남서원에서 후학들을 이끌었다. 류주목의 문집인 『계당집溪堂集』에는 권재묵이 스승 류주목에게 예제에 대해 확인하는 내용의 편지가 수록되어 있다.

선조들과 마찬가지로 서원의 유생으로 참여하였고, 고종조에 서원훼철이 가시화되자 이와 관련해 철회와 복구를 청하는 상소에 유림의 일원으로 이름을 올렸다. 조정에 올리는 상소 준비를 위한 향회를 알리는 1869년 상주 도남서원 통문, 1871년 의성도회중義城道會中 통문 등에서도 그 이름이 확인된다.

4) 권응희權應僖(1857-1921), 권응정(1863-1937) 형제와 권기하(1887-1951)

6세손 권재묵은 2남 3녀를 두었는데, 두 아들이 권응희와 권응정이다. 종손 권응희의 자는 정여靖如, 호는 대운臺雲·해완당海頑堂이다. 의성김씨 김원기의 딸과 혼인하였다. 종가에서 확인되는 자료가 거의 없으나, 부친과 마찬가지로 향교나 지인들의 문집에서 그의 이름이 확인된다. 1903-1939년 문경군의 문경향교聞慶鄕校 향교수선鄕校修繕錄에 참여했다. 「문경향교수선록」에는 1903년, 1921년, 1922년, 1927년, 1933년, 1939년에 각각 이루어진 수선 내역과 이에 재정 지원을 한 유림의 성명이 기재되어 있는데, 권응희도 지원자의 명단에 있다. 또 1915년 문경향교의 재정지원을 위한 기금 모금에 참여한 유림들의 명단을 작성한 『공자탄강2466년孔子誕降二千四百六十六年 문묘의모록文廟義慕錄』에도 "근□권응희문중오원近▨權應僖門中五圓"으로 기록되어 있어 종가의 유풍이 지속되고 있었음을 알 수 있다. 그 밖에 임하의 친족 석오石塢 권병섭權秉燮(1854-1939)의 문집인 『석오집』에 종손 권응희에게 보낸 편지가 있고, 류주목의 재종제인 극암克菴 류흠목柳欽睦의 『극암집克菴集』과 김영락金榮洛(1831-1906)의 『구계유고龜溪遺稿』에 권응희가 지은 만사가 수록되어 있어, 권응희의 교유 행적을 확인할 수 있다.

권응희의 친아우인 권응정(1863-1937)의 자는 희약喜若이고, 호는 백굴百掘이다. 후사가 없는 종가의 대를 잇기 위해 장자 기현을 출계시켰다. 기현은 아명인데 장성해서는 기하로 이름하였으며 종가의 8세손이다. 권응정은 한말 의병으로 진전하였는데, 독립기념관에서 기록한 유공 내역은, "을사국치乙巳國恥를 당하여 이강년李康秊을 대장으로 하고 진의의 종사관從事官이 되어 충북과 강원도, 경북 북부 등지에서 일군日軍과 교전을 벌였다. 1908년 이강년 의병장이 체포된 뒤에는 이상태李相台, 민순호閔舜鎬 등과 재기하여 이천, 양근, 진천, 충주 등지에서 활약하였다. 형 권응희權應僖는 동생의 의병활동에 자금을 지원하였고 전라도 목포에 은거하였다. 1990년 건국훈장애족장에 추서되었다."라고 되어 있다. 이처럼 종손 권응희는 한말 의병활동에 참여한 동생 권응정을 위해 종가의 재산을 덜어 지원해 주었다고 한다. 위와 같은 사실기록이 있으나 권응정이 독립유공자로 추서된 것에 반해 권응희에 대해서는 보훈이 없었다. 아마도 아들 기하 부부가 한국전쟁 중 전염병으로 갑자기 사망하고, 이후 손자인 9세손이 아직 약관의 나이로 서울에 있었던 까닭에 관련 자료나 근거들을 제대로 수습하지 못했던 것 같다. 독립기념관에서 수집한 『독립운동가서한집』에는 장진우라는 독립운동가가 목포에 있는 권응희에게 1918년 11월 24일 자로 보낸 편지 한 편과 동생 권응정이 누군가에게 보낸 편지 한 편이 수록되어 있다. 이 편지를 보면 권응희가 목포에 은거하였다는 기록이 근거가 있음을 알 수 있다. 장진우는 당시 의병 자금과 의병군 모집을 담당했고 후에 일제에 체포되어 옥고를 치렀다. 장진우의 편지는, 권응희가 주선하여 자신의 돈을 권응희의 지인에게 융통해 주었는데, 자신도 형편이 좋지 않으니 속히 처리해 주었으면 좋겠다는 뜻을 지인에게 전달해 달라는 내용을 담고 있다. 또한 동생 권응정의 편지는 부인 경주손씨가 1918년 6월 사망하여 상중에 있는 상태에서 또 병자가 있었던 듯 지인에게 진단을 부탁하는 내용이다.

8세손 권기하(1887~1951)는 위암葦庵 김정섭金鼎燮(1862~1934)이 1920년부터 1934년까지 자신의 일상을 기록한 『김정섭일록金鼎燮日錄』, 『조고일록祖考日錄』에서 그 이름을 찾을 수 있다. 풍산 오미동 김씨는 김대현, 김응조 등의 현조顯祖가 있는 집안이다. 일기는 안동 풍산 오미리에 살고 있던 풍산김씨 가의 김정섭이 당대 독립운동의 주요 인물로 활동한 자신의 주변인들 상황과 역사적 사건들을 주로 기록한 것이다. 이로 미루어 권기하도 이러한 당대 움직임의 한가운데에 있었던 것 같다. 또 유림 활동과 관련된 일기 기록에도 권기하의 이름이 있다.

이처럼 후손들은 권상일의 의기義氣는 물론 위기지학爲己之學의 학문적 지향도 그대로 이어받고 있음을 알 수 있다. 권력이나 자산을 추구하는 데 급급하지 않고 학행과 영남학파를 계승한 가문으로서의 긍지를 잃지 않은 종가인 것이다.

제 3 장

종가의 유물과 유적

권상일이 태어난 해를 시점으로 340년이라는 긴 시간이 흘렀고, 명성 또한 있었던 만큼 청대종가에는 유물과 유적이 많이 있었을 것이다. 그러나 현재 남아 있는 유물은 극히 적은데, 권상일 당대에만 해도 전염병을 피해 수없이 자주 집을 떠나야 했으므로 당장 필요한 문적들을 이리저리 옮기지 않을 수 없었고, 그 과정에서 상당수를 잃어버린 것으로 보인다. 더구나 일기에는 지인의 집에서 『경재잠첩』이 소실되었고, 1757년에는 아들 흡의 집에 화재가 나 거기에 보관 중이던 교지 등이 소실되었다고 기록되어 있다. 한말과 일제 시기에 종손이 타지로 피신을 해야만 했던 사정과, 한국전쟁 시기인 1951년부터 근 40년 이상 종손이 외지에서 직장생활을 한 것을 생각하면, 지금 남아 있는 종가의 유물만으로도 다행스럽게 생각해야 할 듯하다. 남아 있는 유물의 보존상태도 지난했던 종가의 역사를 말해 주듯 좋은 편은 아니다.

대산 이상정이 지은 권상일의 행장에서 이야기하는 문적들도 행방을 잘 알 수 없다. 이상정은 권상일의 저술로 『초학지남初學指南』·『관서록觀書錄』·『근사록집해近思錄集解』·『소대비고昭代備考』·『가범家範』·『역대사초상목歷代史抄常目』 등과 시문, 잡저, 일기 등이 집안에 소장되어 있다고 하였으나, 문집 『청대집』에 수록된 시문, 잡저, 『관서록觀書錄』 외에 다른 문적의 행방은 묘연하다.

어느 집안이나 마찬가지겠지만, 고서 경매물에 권상일의 증조부 권구가 작성한 「근언소지謹言所志」 같은 낱장 문서들이 올라가 있거나, 골동품 매매상이 자신이 도난당한 물건이라며 「동유록

東遊錄』[권상일이 1721년(경종 1)에 작성한 기문과 시문이 있는 문서]을 문화재청에 신고하는 기막힌 상황이 벌어지기도 했다. 종가는 도난사건도 여러 번 겪었다고 하며, 후손들 집에 나누어 보관되어 있는 것도 있어서 사실상 문적과 유물의 전모는 확인하기가 어렵다.

현재 종가와 근암서원 등에서 보관하고 있던 문적과 유물 총 202점이 문경시의 옛길박물관에 기탁되어 있고, 목판은 모두 한국국학진흥원에 기탁·보관되어 있는 상태이다. 또 안동권씨 가의 다른 후손이 기탁했다고 하는 권상일의 대표 저서 중 하나인 『초학지남初學指南』은 한국국학진흥원에 있고, 여헌에 대한 제문 등이 있는 고조부 권익린의 유고 『금곡유집琴谷遺集』은 한국학중앙연구원에 소장되어 있다. 그나마 권상일 당대의 문적과 유물은 어느 정도 확인이 되지만 권상일의 선대나 후손들의 각종 전적 및 유물들 중 종가에서 보관하고 있던 교지나 한국학중앙연구원에 소장된 『금곡유집』 외에는 어디로 흩어졌는지 알 길이 없다. 문경시 옛길박물관에 기탁된 유물 202점 중 100점은 2006년에 경상북도 유형문화재로 지정되었다. 권상일의 문적 중 문집 『청대집』은 『청대선생문집』으로 경인문화사에서 1999년에 발간한 영인본이 있다. 『일록』은 『청대일기淸臺日記』라는 제목으로 2003년 국사편찬위원회에서 원문 그대로 영인하여 『한국사료총서』 제47집 상·하권으로 발간하였고, 2016년에는 한국국학진흥원에서 4권의 국역본으로 펴냈다. 근암서원과 종가에 소장되어 있던 전적과 유품, 책판 등은 총 843점에 달했다. 그중 대부분이 권상일

문경 옛길박물관

과 관련된 것이며, 이는 문화재로 일괄 지정되었다. 현재 문경시 옛길박물관에 소장되어 있는 고서나 고문서 등은 아직 마이크로 필름화되어 있지 않아서 목록 외에는 그 내용을 쉽게 확인할 수 없어 아쉽다.

소장 문적과 유물 외에 유적으로 영조의 어필을 보관하기 위해 지은 어서각, 권상일이 평생 동안 사랑하며 아끼고 가꾸었던 농청대, 그리고 권상일의 묘소와 신도비 등이 종가 주변에 남아 있다. 권상일의 묘소는 원래 상주목 산동면 과쌍동(문경시 산동면 과상동果上洞-현 문경시 산양면 과곡리)에 있었으나, 주변에 민가가 들어서고 나무가 많이 자라 더 이상 묘소로서 적당하지 않다고 판단해 2008년 지금의 자리인 산양면 봉정리로 옮겼다. 서중리의 종택은 후대에 선조의 제사를 모시기 위해 궁여지책으로 매도할 수밖에 없었다고 하는데, 종택을 매수한 안동김씨도 마을을 떠나서 이제는 터만 남고 그 흔적은 찾아볼 수 없다.

종가의
유물과 유적

1 문적과 유품

1) 경상북도 유형문화재 지정 유물 목록

• **교지**教旨 1710년(숙종 36), 한지, 필사본, 99×72(cm), 1점.

증광시 문과 입격 후 받은 교지이다.

• **증시**贈諡 **교지** 1790년(정조 14), 한지, 필사본, 64×92(cm), 1점.

정조조에 권상일에게 희정공의 시호를 내린 교지이다.

• 『**청대일록**淸臺日錄』 1702년(숙종 28)-1759년(영조 35), 12점, 한지, 필사본.

권상일이 20세 때부터 60년 이상 기록하였으나, 현전하는 일기는 24세 때부터 쓴 58년분으로, 모두 12책에 달한다. 남아 있는 책의 구성은 다음과 같다(추후 추가된 원본 포함 목록임).

– 1책; 임오년(1702) 1월–갑신년(1704) 12월
– 2책; 병술년(1706) 1월–정해년(1707) 12월
– 3책; 무자년(1708) 1월–경인년(1710) 6월
– 4책; 경인년(1710) 6월–계사년(1713) 9월
– 5책; 기해년(1719) 1월–신축년(1721) 9월
– 6책; 임인년(1722) 12월–을사년(1725) 8월
– 7책; 정미년(1727) 1월–정미년(1727) 8월
– 8책; 신해년(1731) 8월–갑인년(1734) 9월
– 9책; 병진년(1736) 1월–정사년(1737) 8월
– 10책; 무오년(1738) 10월–기미년(1739) 12월
– 11책; 을축년(1745) 1월–병인년(1746) 12월
– 12책; 정묘년(1747) 1월–경오년(1750) 12월
– 13책; 신미년(1751) 윤5월–갑술년(1754) 12월
– 14책; 을해년(1755) 1월–무인년(1758) 12월, 1729년 6월 첨가
– 15책; 기묘년(1759) 1월–기묘년(1759) 7월

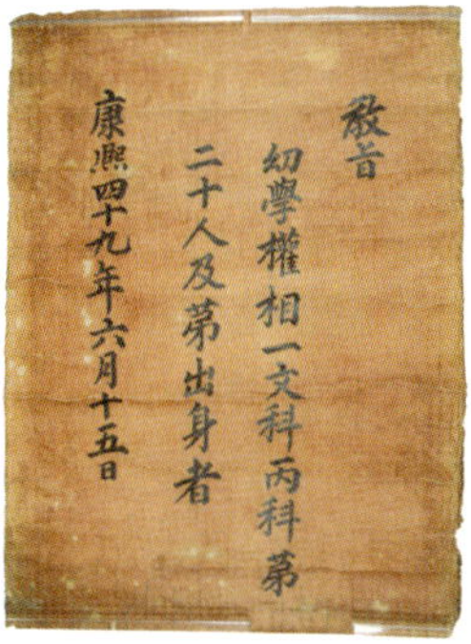

敎旨
幼學權相一文科丙科第二十人及第出身者
康熙四十九年六月十五日

1710년 권상일 문과 입격 교지
(문경 옛길박물관 소장)

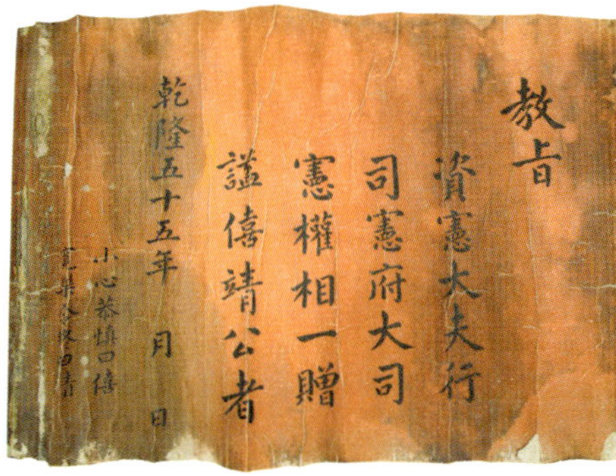

敎旨
資憲大夫行司憲府大司憲權相一贈謚僖靖公者
乾隆五十五年 月 日

1790년 권상일 증시 교지(문경 옛길박물관 소장)

『청대일록』 원본(문경 옛길박물관 소장)

• 『**괴원계첩**槐院稧帖』 1712년(숙종 38), 한지, 필사본, 40×22(cm), 1책.

권상일이 처음 관료생활을 시작한 승문원의 다른 이름은 괴원이다. 이 첩은 승문원 관원들의 관행적인 모임인 계회를 마치고 좌목과 명단을 기록한 것이다. 괴원의 그림이 있다.

• 『**낙원기영회첩**洛院耆英會帖』 1724년(경종 4), 한지, 필사본, 39.8×22(cm), 2점 1책.

상주 인근의 60세 이상 사대부 노인들이 참여해 결성한 기로회의 명단 등을 적은 책이다. 상주 낙원의 그림이 있다. 권상일의 부친 권심의 유물로 보이며, 권심 및 예천·상주·용궁 등의 사대부 이름이 적혀 있다. 권심의 장인 이달의의 아우인 경주이씨 이적의의 이름도 있다.

『괴원계첩』(문경 옛길박물관 소장)

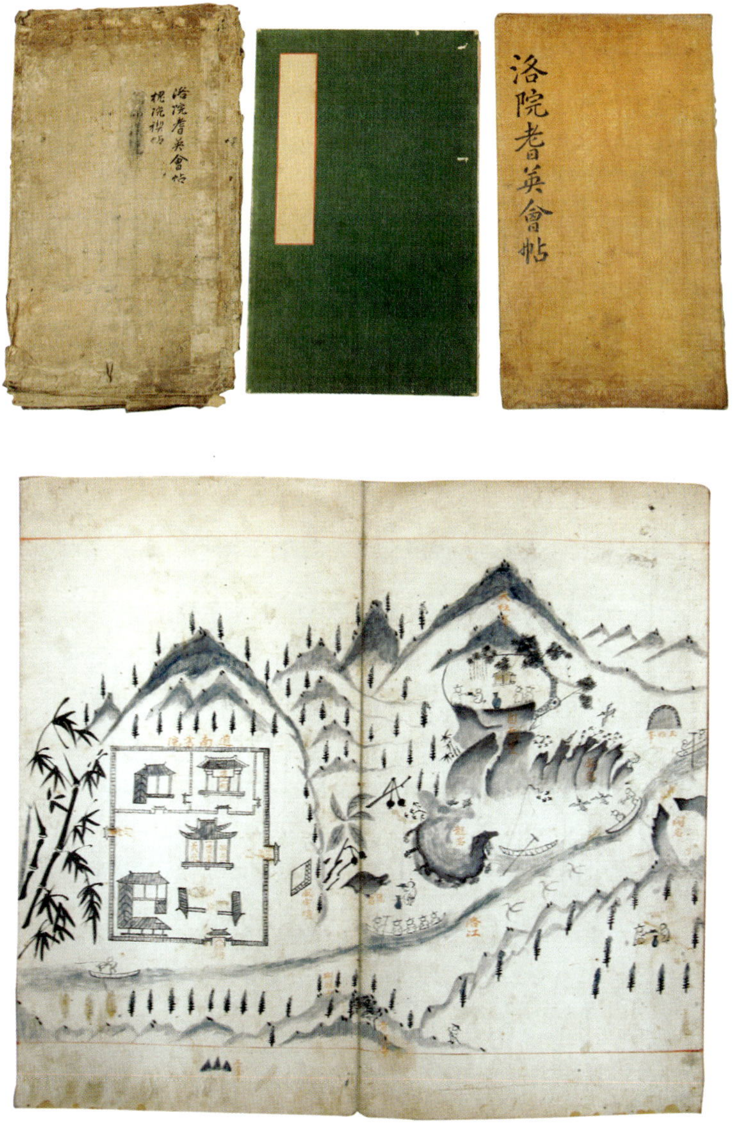

『낙원기영회첩』(문경 옛길박물관 소장)

•『**여사서**女四書』 1737년(영조 13), 한지, 활자판본, 34×22(cm), 4책 1질.

여자들의 수신과 행동규범에 관한 글들을 모아 편찬한 책이다.

•「**어제어필**御製御筆」 1744년(영조 20), 한지, 어제판본, 40×26(cm), 2점 1책.

영조가 희정공僖靖公 청대淸臺 권상일權相一이 병자년(1756)에 찬수청纂修廳 당상堂上으로 있을 때 '갈성찬수竭誠纂修 공존천의功存闡義 일십육자一十六字 이대철권以代鐵卷'이라는 친필을 하사하였는데, 후손들은 어서각을 건립하여 이를 보관하고 있었다. 이 어필은 1755년『천의소감闡義昭鑑』간행을 위해 찬수청이 만들어졌을 때 참여한 관리들에게만 하사한 것이다.

『천의소감闡義昭鑑』은 1721년(경종 1)과 그다음 해에 왕세제 책봉과 관련하여 일어난 신임사화에서부터 1755년(영조 31)에 발생한 나주 괘서 사건에 이르기까지의 역모와 정치적 사건을 기록하여 영조 정권의 정당성을 밝힌 책이다. 권상일은 이때 부사로서 찬수청 당상에 제수되어 참여하였다. 1755년(영조 31) 11월 26일,『천의소감』을 반사하는 날에 영조는 찬수 당상과 낭청을 불러, "성의를 다하여 찬수하니 공이 의를 밝히는 데 있다."라는 의미로 '갈성찬수竭誠纂修 공존천의功存闡義'와 "16자로 철권을 대신한다."는 '일십육자一十六字 이대철권以代鐵券'을 써서 판각하고, 찬수 당상과 낭청에게 차등을 두어 상을 내렸다. 영조는 16자를 친서하여 탁지로 하여금 간인하게 하고 승정원으로 하여금 안보하게 한 후에 특별히 하사한 것이다. 간인한 2건은 내입하고, 1건

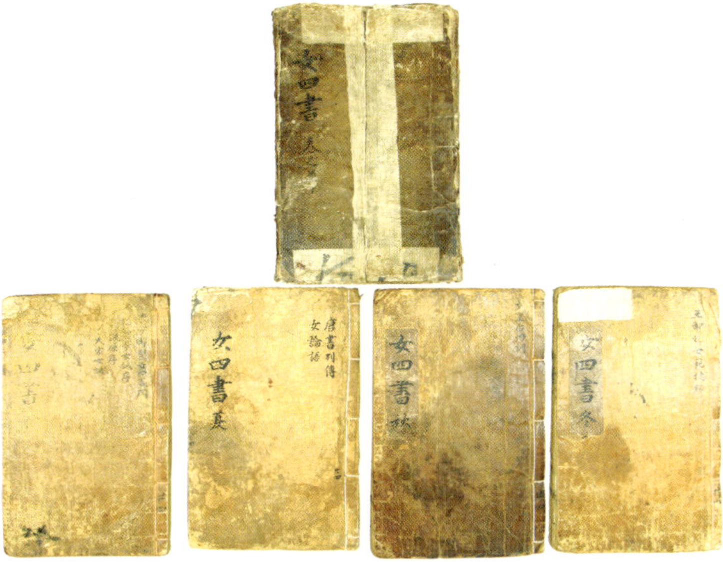

『여사서』(문경 옛길박물관 소장)

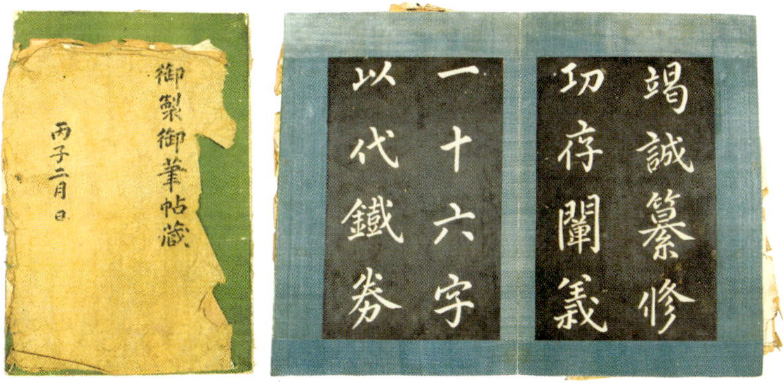

「어제어필」(문경 옛길박물관 소장)

은 동궁에 들였다. 그리고 승정원·홍문관·예문관 등 다섯 곳의 사고에 각 1건씩 보관하고, 판본은 사각史閣에 보관하게 하였다. 현재 규장각에는 오산사고에 보관했던 것이 남아 있다. 따라서 사료로서의 가치도 큰 유물이라고 하겠다.

모든 작업이 완료된 12월에는 찬수청 관원들에 시상을 하였다. 찬수청 도제조 영부사 김재로, 영의정 이천보에게 각각 숙마熟馬 1필을 면급하고, 우의정 조재호에게 아마兒馬 1필을 사급했다. 그리고 5월에 임명을 계하啓下한 날로부터 11월에 이르기까지 당상 6원에게 각 숙마 1필을 사급하고, 추후 계하한 당상 9원에게 각 반숙마 1필을 사급하였으며, 또 같은 기간에 사진仕進한 낭청 3원과 낭청 조엄·정광한·윤득우·정존겸에게 각 반숙마 1필, 홍명한·이최중·홍경해에게 각 상현궁 1장을 사급하였다. 녹사 이하의 원역하인 등은 해조該曹로 하여금 미포米布를 제급하게 하였다.

권상일의 1755년 10월 20일 자 일기에는, 조정에서 찬수청의 관리로 임용되는 과정과 함께 참여하는 관리들의 명단 등이 기록되어 있다.

원경하가 "영남 사람 권상일權相一을 찬수에 동참시킨다면 좋을 듯하나, 여든이 된 꽤 연로한 사람이어서 상경하는 데 어려움이 있으니, 낭청郎廳 중에서 영남 사람을 임명하여 동참하게 한다면 좋을 듯합니다."라고 아뢰어 영조가 윤허했다는 내용이다. 더불어 찬수청의 관리 명단도 기록되어 있는데, 당상 도제조는 영부사領府使 김재로金在魯, 영의정 이천보, 우의정 조재호趙載浩이다.

당상堂上은 지사 원경하元景夏, 겸 이조판서 신만申晩, 지사知事 홍계희, 병조판서 홍봉한, 예조판서 이정보李鼎輔, 좌참찬 서종급徐宗伋, 행사직行司直 서명빈徐命彬, 우참찬 조영국趙榮國, 지사 이성중李成中·조명리趙明履, 공조판서 정휘량鄭翬良, 부사직副司直 남유용南有容·권상일·오수채·남태제南泰齊이다.

낭청郎廳은 필선弼善 서명응徐命應, 겸 필선兼弼善 황인검黃仁儉, 부사과副司果 송문재宋文載·이길보李吉輔·남태저南泰著·원인손元仁孫·이성경李星慶, 병조정랑 서명천徐命天, 부교리 정상순鄭尙淳, 지평 홍준해洪準海, 부수찬 조엄趙曮, 이조좌랑 정광한鄭光漢, 부사과 윤득우尹得雨·정존겸鄭存謙이다.

『청대일기』 1755년 10월 20일

1756년(영조 32) 1월 12일 일기에는 찬수청에 직접 참여할 수 없음에도 권상일을 배려하고 식물 지급을 하사하는 내용이 있어, 당시 영조가 권상일을 얼마만큼 우대하고 신뢰했는지를 알게 해준다.

예방 아전의 고목을 받아 보니, 감영의 관문關文이 어제 저녁에 왔기 때문에 등사하여 보낸다고 하였다. 그 내용은 다음과 같다. "이번 호조戶曹에서 받은 관문 안에, 이번에 주상께서 계하啓下하셨다. 이해 12월 13일 병조판서와 유신儒臣이 세자시강원에 입시하였을 때 전교하시기를 '병조참판 권상일權相一에 대해서는 지난번 입시하였을 때에 이미 그의 단아하고 정직함을 알았다. 지금 찬수청 당상纂修廳堂上에 오른 날짜가 오래여서 아마 들어 알고 있을 터임에도 승지에게 물으니 현縣과 도道를 통하여 상서上書한 적이 없다고 하고, 또 유신에게 물어보니 상당히 연로함을 알 수 있다. 그에게 새해 봄에 자급을 올려주는 은전은 저절로 있을 것이나, 경상도에 시켜 세찬 외에 식물食物을 되도록 후하게 보내 주도록 하여 나의 뜻을 보이게 할 일이다.' 하셨다. 전교에 의거하여 '식물로 쌀 3석石, 콩 2석, 민어 10미尾, 조기 10속束, 돼지고기 20근斤, 숯 2석, 땔나무 500근을 전례를 참고하여 마련하고, 이 수량에 의거하여 되도록 후하게 제급題給하라는 뜻을 본도에 분부할 일'로 달하達下하셨으니, 곡식 수량을 성책成冊하여 두 벌을 보고하라."

『청대일기』 1756년 1월 12일

같은 해 2월 21일에 어제필첩이 도착하였는데, 이를 두고 권상일은 "삼가 어제필첩御製筆帖을 받아 보니, 감격스럽고 송구한 마음을 이길 수 없다."라고 기록하였다.

• 『**황명대통력**皇明大統曆』 1614년(광해군 7), 한지, 필사본, 표지와 7매枚, 1질.

명나라의 역법 또는 역서를 말하는데, 확인되는 내용만으로는 1614년의 대통력으로 보인다.

• 『**어제대훈**御製大訓』 1755년(영조 31), 한지, 전적, 36.5×23(cm), 1질.

1755년(영조 21) 5월, 권상일이 상주목의 아전으로부터 전해 받은 책으로, 영조가 신임옥사辛壬獄事의 원흉을 처벌하기 위하여 내린 훈유문이다. 1741년에 간행한 것을 이해에 내용을 추가하여 다시 간행한 것이다.

구성은 「어제대훈」·「어제고묘문御製告廟文」·「어제교대소신료중외민서서御製敎大小臣僚中外民庶書」·「어제교중외대소신료기로군민한량인등서御製敎中外大小臣僚耆老軍民閑良人等書」·「윤음綸音」 등이며, 내용은 당쟁의 폐해를 없애기 위한 것임을 밝히고 있다. 이 중

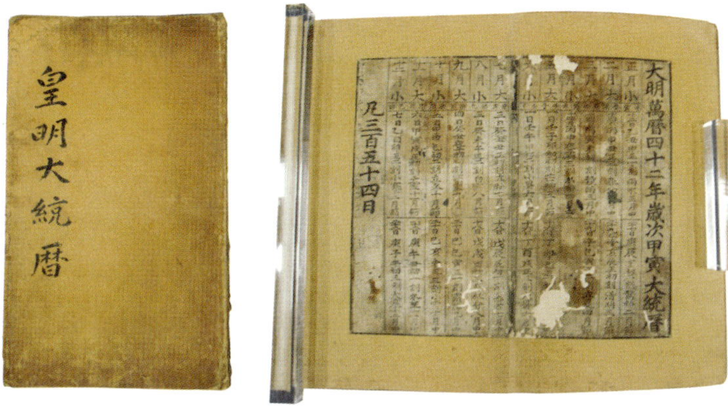

『황명대통력』(문경 옛길박물관 소장)

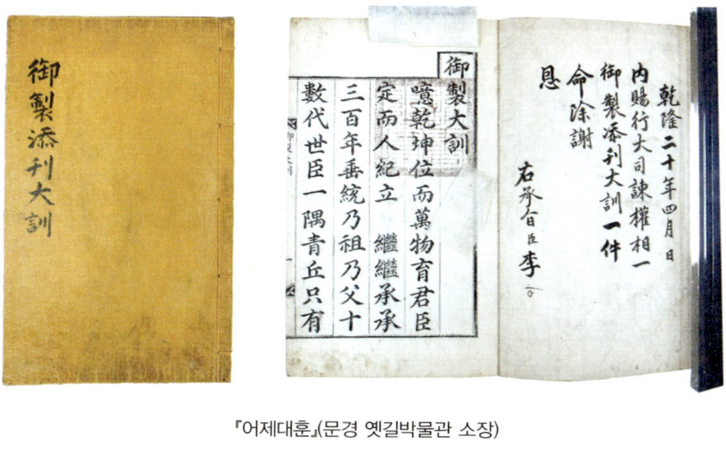

『어제대훈』(문경 옛길박물관 소장)

「어제교중외대소신료기로군민한량인등서」는 『청대일록』의 같은 해 4월 30일 자 일기에도 기록되어 있다.

• 『**청대만음**清臺漫吟』 미상, 한지, 필사본, 34.5×30(cm), 1질.

• 『**관동팔경**關東八景』 미상, 한지, 화첩, 39.8×20(cm), 1질.

• 『**광국지경록**光國志慶錄』 1744년(영조 20), 한지, 전적, 35×22(cm), 1권.

명나라 『태조실록』과 『대명회전』에 잘못 기록된 조선왕가의 계보를 1744년(영조 20)에 와서 바로잡게 된 것을 축하한 시를 모아 목판에 새긴 것이다.

1584년(선조 17)에 황정욱 등을 사신으로 보내 『태조실록』의 기록을 바로잡았으며, 1587년(선조 20)에 유홍이 다시 들어가 고쳐진 『대명회전』 가운데 조선에 관련된 한 본을 받아 왔고, 1589년

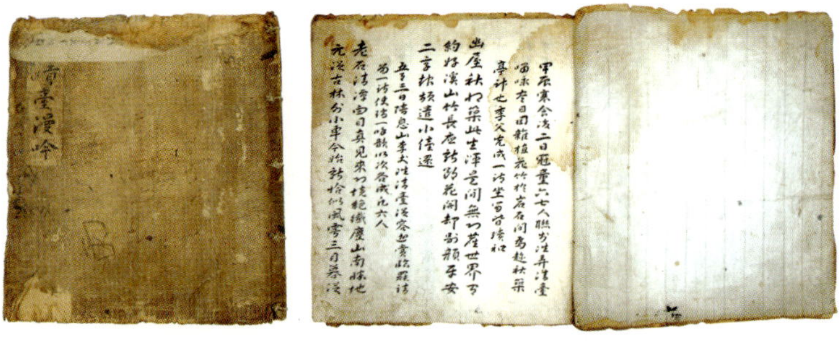

『청대만음』(문경 옛길박물관 소장)

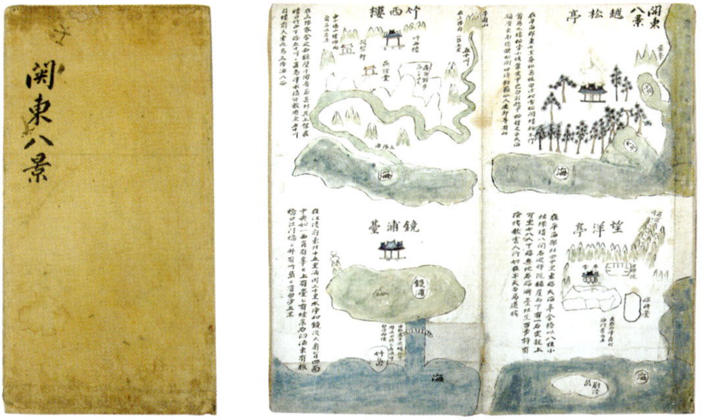

『관동팔경』(문경 옛길박물관 소장)

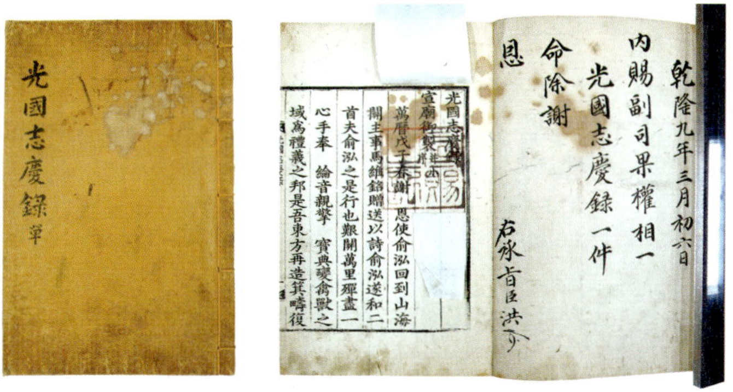

『광국지경록』(문경 옛길박물관 소장)

(선조 22)에 윤근수가 성절사로 가서 개정된 『대명회전』을 가져왔다. 이때 종묘에 고하고 축하시를 짓게 하여 이를 모아 처음 간행하였고, 1701년(숙종 27)에 숙종의 글과 시를 덧붙여 재간하였

다. 이후 1744년(영조 20)에 영조의 서문과 유홍의 화답시를 비롯하여 축시들을 추가하여 간행하였다.

•『**운달산김룡사사적**雲達山金龍寺事蹟』 1700년경, 한지, 전적, 33×23.5(cm), 1질.

운달산의 사찰 김룡사의 창건 역사를 기록한 책이다.

•『**학성지**鶴城誌』 1749년(영조 25), 한지, 필사본, 38×21(cm), 1질.

권상일은 1734-1738년 울산부사 재임 시에 울산의 읍지를 만들기로 하였으나 완성을 보지 못했다. 1749년 3월에 초본이 완성되어 수정과 서문을 청하므로 작성해 보냈다. 초본에 수정을 덧붙인 책으로 보인다.

•『**근암동상하계안**近嵒洞上下稧案』 1700년경, 한지, 필사본, 41×31(cm), 1질.

근암마을의 사대부와 하민들이 만든 동계안이다.

권상일의 사촌이며 계부 권한의 아들인 긍재 권상룡의 문집에 서중리 동약의 내용을 알려 주는 『동약서洞約書』(1754년)가 전한다. 1741년 설립된 동약은 권상룡의 부친인 권한이 발의하였고, 참여자는 서중리의 권씨·김씨·박씨 또는 이씨·채씨 등의 4성과 하민들이었다고 한다. 권상일의 1746년 11월 22일 자 일기에 동회를 처음으로 개최하였다는 기록이 있다.

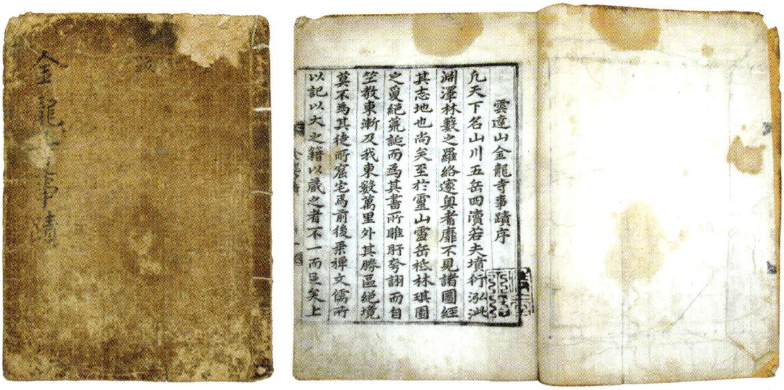

『운달산김룡사사적』(문경 옛길박물관 소장)

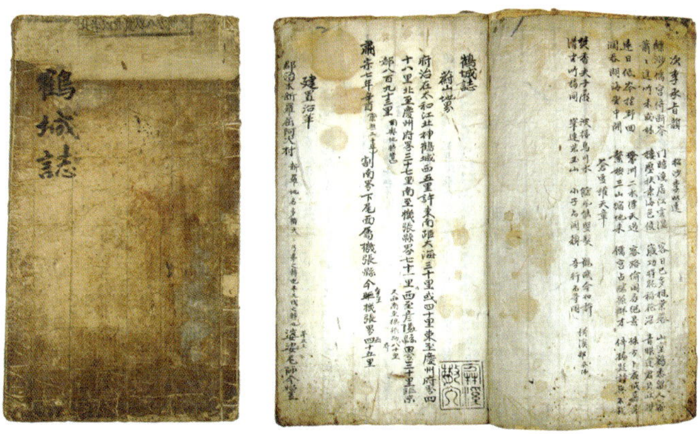

『학성지』(문경 옛길박물관 소장)

우리 동네의 상하 사람들이 5-6년 전에 결곡 한 말씩을 거두어서 스무 냥의 돈을 만들면 매년 열 냥을 덜어 내어 동회洞會를 하자고 약조하였다. 들으니 올해에 비로소 그 수량이 찼기 때문에 동회를 오늘 열게 되었다고 한다.

『근암동상하계안』 서문의 내용은 권상룡이 작성한 『동약서洞約書』의 서문과는 다른 것이다. 권상룡은 서문에서 1745년에 처음 동회를 열었다고 하는데, 기록에 착오가 있었던 것 같다. 권상일의 일기는 마침 1740-1744년 사이가 누락되어 있어서 그 자세한 내용을 살피기 어렵다. 그러나 권상룡이 쓴 청대 일대기에 산양면의 향약을 권상일이 직접 옛것에 근거하고 『주자증손여씨향약』에 의거하여 작성하였다는 기록이 있는 것으로 보아, 동계안 작성에도 직·간접적으로 영향을 주었을 것으로 추정된다.

•『**성학십도**聖學十圖』 1744년(영조 20), 한지, 전적, 35×22(cm), 1질.

퇴계 이황李滉이 1568년(선조 1) 12월, 왕에게 올린 상소문이다. 선조가 성군이 되기를 바라는 뜻에서 군왕의 도道에 관한 학문의 요체를 도식으로 설명하였다. 『퇴계집』 내집內集 7권 7차箚에 수록되어 있다.

•『**퇴도선생필첩**退陶先生筆帖』 미상, 한지, 필첩, 42×36(cm), 1질.

퇴계 이황의 자필 문자를 모은 책이다.

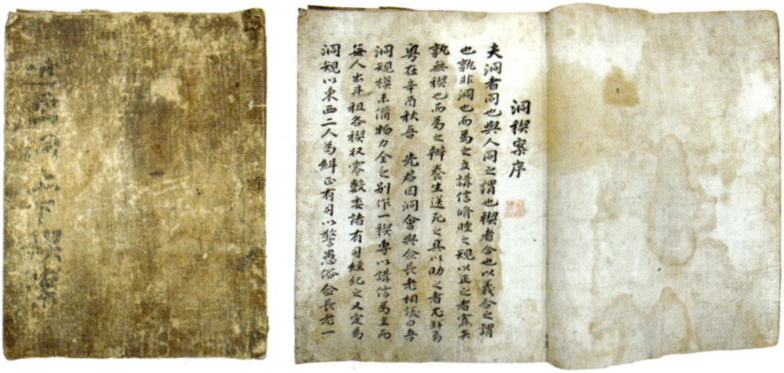

『근암동상하계안』(문경 옛길박물관 소장)

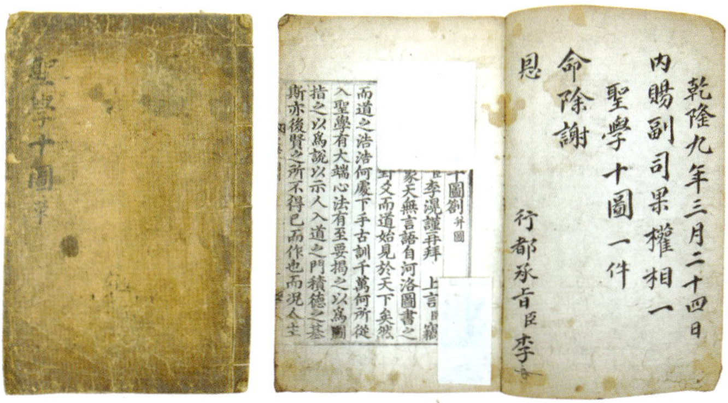

『성학십도』(문경 옛길박물관 소장)

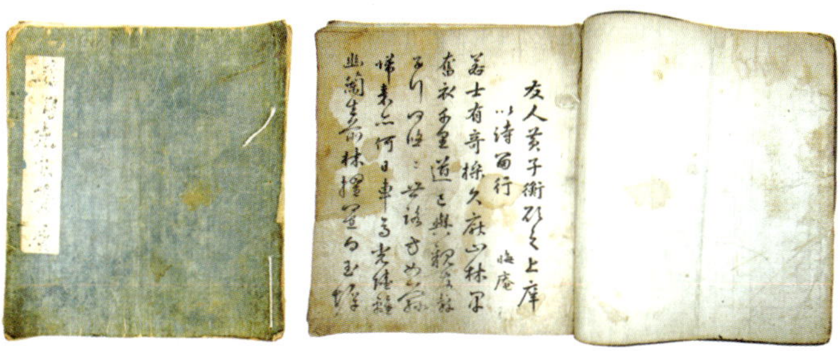

『퇴도선생필첩』(문경 옛길박물관 소장)

• 『**제명고적**題名古蹟』 미상, 한지, 필사본, 33×22(cm), 1질.

• **유서통**諭書筒 1724년(경종 4), 소품, 죽제, 1점.

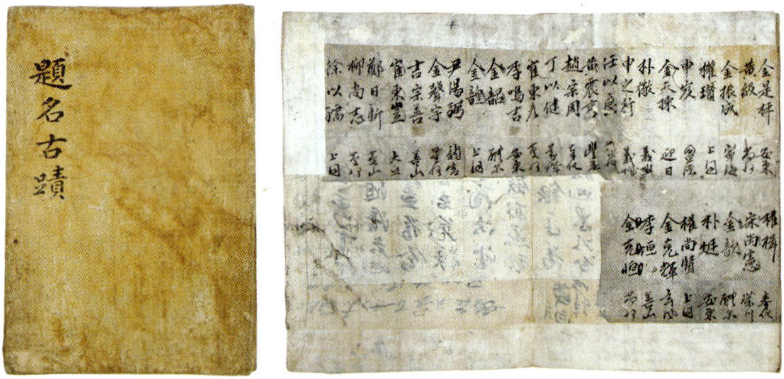

『제명고적』(문경 옛길박물관 소장)

유서통(문경 옛길박물관 소장)

• **연, 연적, 연함** 미상, 소품, 36×22×8(cm), 1식.

• **합죽선**合竹扇 미상, 소품, 죽제, 길이 33(cm), 1점.

연, 연적, 연함(문경 옛길박물관 소장)

합죽선(문경 옛길박물관 소장)

2) 미지정 유물

문과급제 교지와 시호를 내리는 교지 외에 문화재로 지정되지 않은 다른 교지들도 있다. 권상일에게 내려진 것은 관직에 제수될 때와 증직될 때마다 받은 교지敎旨와 왕명을 전달하는 전지傳旨, 대리청정하던 왕세자의 명령을 전달하는 영지令旨 등이다. 교지·전지·영지 등은 모두 관직 제수와 관련이 있는 것으로, 총 71점이다. 그 밖에 권상일이 증직될 때 증조부모까지 위로 4대와 아래로는 손자까지 받은 교지 등이 있고, 그 외 권상일이 증광시의 답안지로 낸 시권試券을 포함해 다른 시권과 문권文券 등이 26점 있다. 평상시 착용했던 갓끈, 도포 끈과 패용했던 붓 등이 남아 있으며, 유품과 서간 등의 문서는 각각 7점, 32점이다.

권상일의 증직으로 받은 교지 외에 선조와 후손이 받은 교지에는, 1651년(효종 2) 증조부 권구가 받은 생원 교지, 1819년(순조 19)에 현손 권세영이 받은 생원 교지가 각 1점 있다.

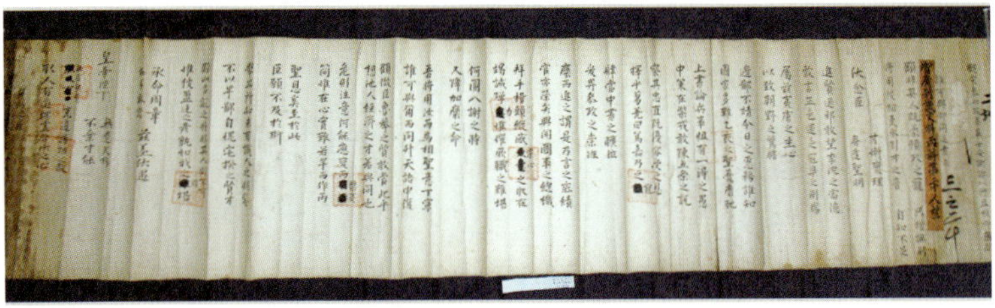

권상일의 문과(증광시) 시권(문경 옛길박물관 소장)

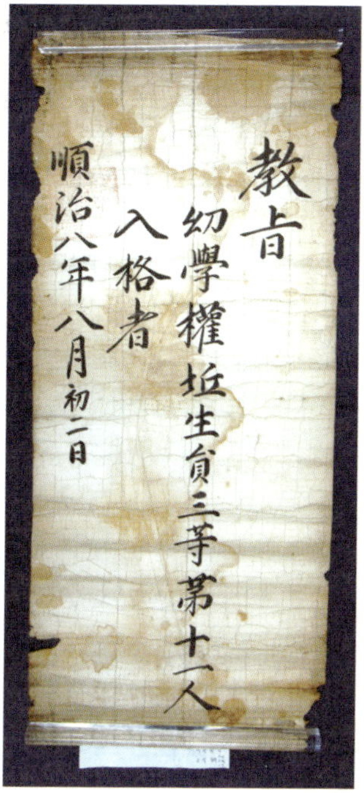

1651년 권구 생원 교지
(문경 옛길박물관 소장)

권상일 유품 7점(문경 옛길박물관 소장)

권상일 서간 등 32점(문경 옛길박물관 소장)

• 『**구현필적**九賢筆蹟』

포은 정몽주, 한훤당 김굉필, 일두 정여창, 정암 조광조, 회재 이언적, 퇴계 이황, 소재 노수신, 서애 류성룡, 우복 정경세 등 아홉 선현의 필적을 담았다.

• 『**근암서원사적**近嵒書院史蹟』·『**근암서당창건고적**近嵒書堂創建古蹟』

각각 근암서원과 서원 창건 이전에 있었던 근암서당의 창건 역사를 기록한 책이다. 그 외에 서원 관련 전적으로 『근암서원지近嵒書院誌』, 『근암서원도록近嵒書院都錄』이 있다.

• 『**준분록**駿奔錄』

죽림이라고 쓰여 있다. 1783년(정조 7)의 제사에 참석한 유림들에 대한 기록으로, 죽림은 권상일을 배향했던 죽림정사를 말하는 것으로 보인다. 생원 류상춘柳象春, 생원 채시창蔡蓍昌 등 용궁과 상주에 거주한 유림들의 이름이 있다.

• 『**교정소수합록**校正所收合錄』

『청대집』을 만들기 위해 1760년(영조 36)에 참여한 유림과 관련 교정 내용을 적은 책이다.

• 『**학실계안**學室稧案』

학실계는 서당 건립과 운영을 위한 계이다. 서중리 학실계원의 구성과 1773년(영조 49) 금계서당의 건립 과정, 그 후 30년 뒤의 중수 과정, 학실계의 파계 경위를 기록한 책이다.

그 밖에 『선현사적先賢史蹟』·『선우간첩先友簡帖』·『태사묘제음복제명록太師廟祭飮福題名錄』, 『고금필적古今筆跡』·『간독첩簡牘帖』·『시문첩詩文帖』·「하단계필본河丹溪筆本」·『□청회계도□▨廳會計都▨』 등이 있고, 『별묘중건배전기別廟重建配錢記』·『시도기時到記』와 선조 가장 등을 엮어 놓은 책도 전한다.

종가의
유물과 유적

2 건축 및 유적지

1) 권상일 묘소와 신도비

권상일이 고종考終한 뒤 원래의 묘소는 현재의 산양면 과곡리에 자리했으나, 2008년 3월 지금의 봉정리 산 진좌로 천장遷葬하였다. 현재 산양면 봉정리 산34-1에 위치하고 있다. 원래의 묘소 주변은 민가가 들어서고 나무들이 성장해 묘역으로서 좋지 않았다. 권상일은 생전 어느 선현의 집안에서 천장 소식이 들려오면 크게 개탄해 마지않았다. 그러나 세상이 뒤바뀌어 어쩔 수 없이 좀더 편안한 곳으로 옮기고자 하는 후손들의 노력으로 천장이 진행되었다. 당시 이장을 위한 모든 과정을 문경시청 문화진흥과

1 산양면 과곡리(과상동) 묘소와 주변(문경시청 소장) | 2 천장 과정(문경시청 소장)
3 천장 과정(문경시청 소장) | 4 권상일 신도비

묘표

봉정리 묘소

안동권씨 별묘

어서각

에서 확인하고 지원하였으며, 그 사진이 남아 있다.

2008년 3월, 당시 근암서원 원장 등 유림계 인사들이 모여 묘역에서 고유제를 올리고, 이어 서중리 근암서원 입구에서 문경 시장을 비롯한 각계 인사와 북부지역 유림, 유수 문중의 주 종손들 350여 명이 참석하여 신도비新道碑 제막식과 고유제를 올렸다. 신도비의 글씨는 문전文田 권응규權應奎가 썼으며, 원래의 비문碑文 행장行狀은 대산大山 이상정李象靖이, 원시장元諡狀은 당시 영의정領議政 번암 채제공蔡濟恭이, 개시장은 낙파洛坡 류후조柳厚祚가, 신도비문神道碑文은 해좌海左 정범조鄭範祖가 지은 글이다.

2) 안동권씨 별묘安東權氏別廟

후손들이 지은 안동권씨 근암 입향조인 구학재溝壑齋 권구權坵의 사당이다. 현재 산북면 서중리 213-1에 위치하고 있다.

권구權坵의 자는 차산次山, 호는 구학재溝壑齋이며, 금곡琴谷 익린益隣의 아들이다. 성균생원成均生員으로 좌승지左承旨에 증직되었다. 문장이 유려하고 행의行誼가 단방端方하여 세상에서 중히 여겼다.

3) 어서각御書閣

오늘날 대통령의 친필을 액자에 걸어 놓듯이, 조선시대에도 임금의 친필이나 문서를 받는 것은 가문의 영예로운 일이었다. 그러므로 어서御書를 보관하기 위해 집을 짓기도 했다. 이렇게 지은 집[閣]을 '어서각'이라 한다. 영조는 권상일을 찬수청 당상에 제수하고 책을 완성한 후 참여한 관리들에게 어제어필 16자를 하사했다. 이를 보관하기 위해 1759년(영조 35)경 건축한 것으로 알려져 있다. 현재 위치는 산북면 서중리 213-1이다.

4) 농청대弄淸臺

권상일 생전에도 농청대는 존재하고 있었다. 1725년에 권상일이 농청대 옆 서쪽 수십 보 되는 곳에 있는 구암龜巖 위 평평한 곳에 터를 닦고, 1739년 세 칸 집을 완공하여 '존도서와'라 이름하였다. 이후 1808년 화재로 소실되었으나 다행히 편액은 화를 면했으며, 1863년(철종 14) 5세손 권병헌權秉憲(1800-1866)이 농청대만 복설하여 오늘에 이르고 있다. 복설 시 농청정으로 이름이 바뀌었으며, 산양면 존도리 346에 위치하고 있다. 권상일은 농청대와 존도서와의 재와 헌을 평생 아끼고 사랑하여 졸수재의 당호, 청대의 명칭을 자호로 삼았다. 20대 때부터 하늘이 내린 명승지라 하며 훗날 공부하고 수양하는 장소로 삼기로 마음먹은 곳이다. 물가와 바위 옆에는 국화·위성류·연꽃 등 꽃을 심고, 농청대 주변에는 평생에 걸쳐 200여 주 가까운 소나무를 식재한 기록이 일기에 나타난다.

> 존도리의 동쪽으로 수백 보 지점에 대가 있는데 농청이라 하였다. 누가 이름하였는지 알지 못하고 예부터 이름이 전해 왔다. 농청대 아래에 맑은 내가 있는데 그 원류는 대미산에서 나와 10여 리를 흘러들어 이곳에 이르러

존도(서)와 각자

농청대

물이 고여 못을 이루고, 또 남쪽으로 푸른 들판 바깥을 흘러서 낙동강에 들어간다. 농청대 위에는 작은 산이 있는데 월방산月方山 한 줄기가 남쪽으로 내려오다 동쪽으로 돌아서 냇물에 이르러 멈춘다. 푸른 바위가 둘러 있는 것이 집의 담장 모양 같은데 오직 동남의 두 면은 물길에 막혀 두절되었다. 아래쪽은 물줄기에 임해 있고 위는 평평하여 30여 명이 함께 앉을 수 있으니 곧 농청대가 있는 곳이다. 오른쪽 곁에 층암이 높다랗게 우뚝 솟아 가장 웅장하고 기이하다.

권상일은 문집 『청대집』의 「존도서와기」에서 농청대에 대해 이렇게 표현했다. 어쩌면 종택보다 더 많은 인물들이 이 농청대를 거쳐 갔고, 이곳에서 성리학에 대해 토론하고 사사한 후인後人들이 많으니, 권상일에게는 가장 의미 있는 집이자 서실이면서 휴식처였다. 권상일의 일기를 보면 존도서와 세 칸의 방 중 하나는

'승방'이라 하였고, 여기에 승려들이 거주했던 것으로 보인다. 당대 사대부들이 별서에 승려를 들여 도움을 받는 사례가 종종 있었기 때문에 그리 특이한 점은 아니나, 권상일이 평소 대승사·김룡사의 스님들과 교유하며 가깝게 지냈던 것과도 무관하지 않은 것 같다.

농청대에서 바라본 금천의 관어담

농청대와 관어담

제4장
종가의 생활문화와 가풍의 계승

종가의 생활문화와
가풍의 계승

1 종가의 무형 자산

권상일은 평생 그다지 넉넉한 생활을 하지 못했고, 후손들에게 남긴 물질적인 유산 또한 많지 않았다. 그러므로 선조의 제의와 숱한 접빈객을 맞아야 하는 종가는 살림살이가 어려울 수밖에 없었다. 1793년(정조 17) 권상일의 증손자 권준權遵(1745-1814)이 문중 어른들에게 보낸 표문이 있다. 이는 다른 사람에게 팔았던 종가 터를 다시 문중의 힘을 모아 사들인 경위와 조상의 위패를 모실 사당을 건립하기 위해 종가 소유 일부 땅을 전문錢文(동전) 50냥에 판다는 내용을 여러 문중 어른들에게 설명하는 문건이다. 그렇게 어렵사리 남긴 종택, 가묘를 후에 또다시 선조의 제례를 차비하기 위해 어쩔 수 없이 안동김씨 가에 팔게 되었다. 이젠 김씨 가도 마을을 떠나고 예전의 종택은 터만 남아 옛 자취를 그릴 뿐이다.

400년 종가의 위엄을 보이는 기와집 종택도 아니고, 불천위를 모신 근사한 가묘도 없지만 서중리 청대종가에는 오랜 세월 쌓아온 무형 자산만큼은 넉넉하다. 앞서 언급한 후손들의 면면만 보아도 이들이 무엇을 지키며 살았을지 짐작할 수 있다. 겉으로 보이는 화려함이나 자신만을 위한 삶을 추구했다면 지역 유림으로만 남아 서원과 향교 세우기에 힘쓰고 나라를 구하는 일에는 매달리지 않았을 것이다.

한말에 청대종가는 의병을 지원하는 등 불안한 나라의 근대기를 온몸으로 맞았고, 일제 시기에는 자손들을 신식학교에 보내지 않는 것으로 저항의식을 표출했다. 8대손 권기하(1887-1951)가 생존한 일제 시기와 대한민국 건국 초기에 종가는 그렇게 문을 닫고 세상을 등지듯 살았다.

> 일본놈들 글 배우면 안 된다고 해서 학교도 안 보내고, 한문만 가르쳤어요. 작은아버님이라든가 주위 당숙들 모두 학교를 못 갔어요. 옛날에 단발령을 내려도 단발을 끝까지 안 했어요. 일본 지서장이 오면 할아버지한테 인사를 올 정도로 그만큼 강직하셨어요.

10세 종손 권준호의 말처럼, 후손들은 어쩔 수 없이 무학의 학력으로 살망정 불의한 시대에 조금이라도 협력하는 것을 허락받지 못했다. 9세손 권칠용 역시 후손들에게 "남의 것은 지푸라기 하나라도 건드리지 마라."라고 항상 가르쳤다. 부친 못지않은 강직함을 물려받은 것이다. 종가의 특별한 생활문화는 더 이상 계승되지 못하였지만 청대종가가 지켜 온 무형 자산인 의기義氣에 충실한 올곧음만큼은 여전히 이어지고 있는 것이다.

종가의 생활문화와
가풍의 계승

2 제례 문화

예제에도 관심이 많았던 권상일은 실생활의 제례에 대해서도 많은 고민을 했다. 당대에는 전염병이 만연한 특수 상황 탓에 형편에 맞게 윤회봉사를 하는 것도 당연시되었다. 윤회봉사의 경우, 서손 흡도 제외하지 않았다. 장소 못지않게 제물도 형편껏 지낼 수밖에 없는 게 당시의 현실이었다. 밥만 진설한다거나 간단히 과일만 놓고 지내는 등 겉치레를 무시한 제례가 행해지곤 했다.

그러나 그런 특수한 상황이 아니더라도 권상일은 명절 제사에 대해서 좀 다른 생각을 가지고 있었다. 무엇보다 정성이 중요한 것이지, 흐트러진 마음과 자세로 지내는 제사는 의미가 없다는 생각이었다. 특히 설날인 1월 1일은 모두 세배하느라 어수선할 때이므로, 섣달 그믐날 밤에 설 명절 차례를 모시고 설날에는 간단히 차례를 하는 것이 좋겠다고 하였다. 그가 울산부사로 있으면서 홀로 가묘를 모셔와 제례를 행할 때는 이것을 실행에 옮기기도 하였다. 귀향해서는 다시 설 당일에 차례를 지냈는데, 아마도 문중 어른들의 허락을 받지 못했기 때문인 것 같다. 어쨌든 권상일은 종가의 가장 중요한 문화인 제례 방식에 있어서도 원론에 충실하되 다소 유연한 사고를 가지고 있었던 것이다.

> 나는 진작부터 제사는 다만 치재에 정성을 들이느냐 들이지 않느냐를 귀하게 여길 뿐이라고 생각하고 있다. "정성이 있으면 제사를 받을 귀신이 있고, 정성이 없으면 제사를 받을 귀신이 없다."라고 말하였다. 또 선현의 여러 가르침을 공경하는 것과 귀신의 흠향 여부도 여기에 달려 있는데, 설날 아침에 제사를 지내는 것은 매번 인사를 닦을 일 때문에 어수선하여 정성을 드릴 수가 없다. 주부자朱夫子는 "관직이 있는 사람은 섣달 그믐날에 제사를 지낸다."라고 생각하였지만, 다만 관직이 있는 사람뿐만 아니라 한 집안이 여러 곳에 살다 보면 자연히 왕래하며 세배를 하게 되고, 그에 따라 세주歲酒(설 술)를 마시게 되어 정성을 기울이는 마음은 이미 흐트러지게 되므로 규례를 정하여 정월 초하루 제사는 섣달 그믐날에 지내고, 설날은 아침 일찍 떡과 탕을 마련하여 차례를 지내게 하고자 하였던 것이다. 이것이 아주 온당할 듯하다.
>
> 『청대일기』 1733년 12월 30일

또 후손이 끊겨 제사마저 끊길 지경이라고 하소연하는 집안에 대해서는 정히 안타깝다면 방손들이 묘전을 마련해 한 해에 한

청대 권상일 불천위 제례

차례 묘소에서 제사를 지내는 것이 좋겠다는 조언을 하기도 했다. 이처럼 권상일은 제례에 대해서도 현실에 맞도록 융통성 있게 해야 한다는 실용적인 사고를 갖고 있었다. 후손들이 격식이나 겉치레에 얽매이지 않고 형편껏 정성을 다하기를 바랐던 것이다.

청대종가는 9세손까지는 선조의 기제사, 서원 향사, 사당 제사, 묘사, 명절 제사에 불천위까지 모두 21차례의 제례를 행했다고 한다. 10세손이 이어받은 지금은 재종조와 나누어 16회로 줄어들었다. 청대종가에서 각종 의례나 접빈객과 관련하여 특유의 종가문화를 찾아 보기는 어렵다. 현대 공동주택의 정침正寢일망정 다만 할 수 있는 것을 하고 있기 때문이다. 어쩌면 어느 종가든 앞으로 겪을 수밖에 없는 문제일 수도 있다.

청대종가 불천위 제례는 음력 7월 11일 밤 12시에 행한다. 제례에 대한 규식이나 홀기의 전례가 단절된 탓에, 안동 종가의 규례를 모범 삼아 후손들이 정성을 다해 준비한다. 여느 집안의 불천위 제물에 비해서는 소박하지만, 후손들이 최선을 다하는 정성만큼은 뒤지지 않는다.

• 신위

十代祖考資憲大夫行司憲府大司憲知中樞府事 神位
孝孫 俊虎奉祀

• 축문

維歲次戊戌七月乙亥朔十一日乙酉十世孫俊虎
敢昭告于 顯十代祖考資憲大夫 行 司憲府大司憲知中樞府事贈僖靖公府君歲序遷易
諱日復臨追遠感時不勝永慕謹以淸酌庶羞恭伸奠獻 尙
饗

• 제례 순서

- 제물을 진설한다.
- 제례의 순서에 따라 역할을 정하는 분정分定을 한다. 마을에 살고 있는 직계손 중 노인들 서너 명이 형편에 따라 참여하기 때문에 홀기대로 하기도 어려워 집사, 축관과 아헌관만 따로 한다. 참사자 대부분이 노인들이기 때문에 거의 종손이 도맡아 하고 있다.

불천위 제례 제물

- 출주出主: 감실에 모셔져 있는 신주를 모셔 와 제사상에 안치한다. 갖추어진 감실이 아니기 때문에 신주를 모셔 와서 재배하고 상에 올린다.
- 참신參神: 종손이 제사상에 모신 신주를 향해 재배한다.
- 강신降神: 조상의 영혼을 모셔 오는 의식으로, 술잔에 술을 받아 모사茅沙 그릇에 붓고 종손이 재배한다.
- 초헌례初獻禮: 강신례를 마치면 집사가 종손에게 술을 따라 주고 집사가 다시 건네받아 제사상에 올린다. 그런 다음 메와 갱의 뚜껑을 열어 둔다. 종손이 재배하고 물러난다.

- 독축讀祝: 종손과 다른 제관들은 모두 부복하고 축관은 좌측에서 동향으로 비껴 앉아 축문을 읽는다. 축문 낭독이 끝나면 다시 선다.
- 아헌례亞獻禮: 초헌례와 같으나 술만 올린다.
- 종헌례終獻禮: 아헌례와 동일하다.
- 첨작添酌: 초헌관인 종손이 서 있고 집사가 메 뚜껑을 건네면 거기에 술을 따른 뒤에 다시 받아 술잔에 세 번 나누어 붓는다. 집사는 메에 숟가락을 꽂고, 젓가락을 떡 위에 놓는다. 종손은 재배한다.
- 합문闔門과 계문啓門: 가묘가 아닌 좁은 공간이므로 제관들이 서서 고개를 숙이는 것으로 합문을 대신하고, 집사자는 다시 제자리에 선다.
- 진다進茶: 떡 위에 놓은 젓가락을 제자리에 두고 갱을 다른 그릇에 비운 뒤 냉수를 담아 숟가락으로 밥을 세 번 떠서 말아 놓는다.
- 국궁鞠躬, 하시저下匙箸: 제관 모두 부복하고 있다가 일어난다. 숭늉 그릇에 놓은 숟가락을 거둔다.
- 사신辭神: 모든 제관들이 재배하고 제사를 마친다.
- 음복飮福: 제사 음식을 모두 나누어 먹는다.

종가의 생활문화와
가풍의 계승

3 종가의 인적·물적 유지 기반과 학덕 계승 노력

1) 현대의 청대종가와 종손 이야기

험난했던 근·현대 시기에 그저 다른 세상을 살아가듯 올곧게만 살았던 8세손 권기하의 의지는 후손들에게는 불안감을 안겼다. 세상은 자꾸 변해 가는데 한문만 읽어서 살아갈 수 있을지, 후손들은 현실과 미래가 암담하게 느껴질 수밖에 없었다. 결국 9세손 권칠용은 스스로 생활을 개척하기 위해 19세 때 집을 떠났다. 그는 서울에서 성공한 일가 어른의 도움으로 독학을 하고 한국전쟁에 참전한 뒤 직업군인으로 살았다. 그러는 사이 불행히도 8세손 권기하 종손과 종부가 장티푸스에 전염되어 나란히 사망하였다. 권상일 당대에 그랬듯이 종가의 생활문화가 다시 한 번 단절되는 지경에 이른 것이다. 9세손 권칠용은 그 길로 사직하고 귀향하여 3년간 시묘살이를 행한 뒤 다시 경찰시험을 보아 문경 인근의 지서에서 경찰공무원 생활을 했다. 근처에서나마 종가를 지키기 위한 어쩔 수 없는 선택이었다. 그렇게 직장생활을 마치고 1990년대 후반에야 귀향하였다. 9세손은 경찰공무원의 박봉과 종부 파평윤씨의 생활력을 더하여 어렵게나마 종가 안팎의 살림살이를 일구고 자손들을 키웠다.

시조로부터 38세손이고 권상일 가의 10세 종손이 되는 권준호는 1956년생으로 현재 60대 초반의 중년이고, 종부는 예안 선성김씨 가의 따님이다. 차종손은 생업에 열중해 가정을 꾸려 나가야 하는 30대로 아직까지는 별다른 책임을 맡고 있지 않다. 20여 년 동안 종가의 살림살이를 돌보고 챙기던 9세손 권칠용이 몇 년 전 유명을 달리한 뒤 종손 권준호는 노老종부 파평윤씨와 함께 청대종가의 가장 큰 어른이 되었다. 초등학교 때 안동에서 다시 고향으로 돌아왔고, 또 결혼 후에는 잠시 서울에서 살았다. 30년 이상 상업에 종사하면서 종가에 필요한 경제적 지원을 감당해야 했다. 어느 정도 생활 기반을 닦아 놓은 후 비로소 서실을 출입하거나 문중 종손들의 모임에 참여하기도 하지만 여전히 삶의 중심은 종가일이 아니라 가정경제를 책임지는 생활인일 수밖에 없는 상황이다. 종가의 넉넉하지 않은 형편 때문에 일찍이 생업에만 몰두하며 살아야 했던 종손 권준호는 종법이나 가승의

10세손 권준호

계통을 제대로 공부하지 못했다. 종가를 소개하는 일도, 혁혁한 조상을 둔 가문에 혹시 누가 될까 하여 한참을 망설이다 나서게 된 일이다.

그러나 종손은 이미 그 이름을 부여받는 순간부터 종손이 되는 것 같다. 청대종가의 종손도 그렇다. 종손은 상업을 생업으로 삼았고, 그것은 종가를 경영하기 위한 방편이기도 했다. 문중의 크고 작은 사안을 해결하기 위한 경제적 유지 기반은 마련했으나, 종가의 연간 제례 등과 같이 종가 내의 유지 비용은 오롯이 종손 혼자서 책임져 오고 있다. 그러나 그는 이러한 상황들을 숙명처럼 받아들이며 살았다. 전통적인 종가의 내림교육도 받지 못한 채 엄하기만 했던 아버지의 호통을 듣고 자랐지만 그것이

오히려 자양분이 된 듯 종손은 안으로는 자상한 아버지이면서도 묵묵히 종가를 지켜 나가는 큰 어른으로서의 역할을 다하고 있다. 마을의 구성원들도 달라지고 지파의 자손들도 이동한 마을에서, 종가의 제례는 실상 노인들만이 참여하게 되었다. 기제사는 지금 살고 있는 점촌의 공동주택에서 혼자 지내는 경우도 있다. 봉사손으로서의 역할 외에 문중의 어느 모임을 가더라도 지파 후손들이 가장 큰 어른으로 그를 보는 시선이 때로는 부담스럽지만, 그것이 역으로 힘이 되기도 한다.

종손 권준호도 향후 미래의 종가에 대한 현실적인 고민을 하고 있다. 세상의 큰 변동 속에서 종가 의례의 간소화나 종가문화의 크고 작은 변화는 당연한 수순이라고 생각하고 있다. 그런 의미에서 종가 내외의 부침도 이미 약속된 일처럼 나타날 수밖에 없다고 여기고 있었다. 종손 권준호는 앞으로 종가와 종가가 있는 집성촌의 문화가 좀 더 학술적으로 깊이 있게 연구되어 공동의 전통문화로 인식되는 계기가 마련되었으면 한다고 마지막 바람을 이야기했다.

2) 종가의 인적·물적 유지 기반과 학덕 계승 노력

조선 중·후기, 종법이 일상생활에 자리 잡고 부계친을 중심으로 한 종가의 봉사가 정착되었다. 윤회봉사나 외손봉사를 통해 나누어 가졌던 역할이 부계 혈족 중심의 종가 한 집으로 집중된 것이다. 따라서 종가의 역할이나 비중이 커진 만큼 종중의 경제적 기반도 모두 종가에 지원될 수밖에 없었다. 그러나 유학적 세계관이 무력해진 현대에 와서 문중의 결속은 큰 의미를 잃게 되었고, 결국 종가 홀로 책임져야 하는 상황이 생기기도 했다. 이는 원래 경제적 기반이 미약한 종가의 경우에는 더욱 심각한 문제가 되어 버렸고, 결국 종가문화가 그대로 단절될 기로에 서는 경우도 발생했다. 이러한 까닭에 종중, 종가문화를 박제된 형태로 그대로 이어 갈 것인지, 아니면 현실에 맞게 변형시킨 문화로 이어 갈 것인지는 현대인들이 함께 고민해야 할 문제가 되었다.

청대종가는 현대에 들어선 그 시점부터 이미 그러한 현실에 부딪혔다. 종손들의 자긍심 하나로, 남은 경제적 유산 대부분을 정리하여 문중의 기금 형태로 등기이전을 해 놓았다. 9세손 권칠용이 1990년대 중반까지 인근에서 직장생활을 하다 귀향해서 문중 유지 기반을 만들고 마무리 지었다.

청대의 후손들은 그간 지파들이 늘고 이거해 나가면서 문경시 곳곳에 살고 있다. 우본, 사근, 소점 등지가 대표적이다. 이들은 연간 세 차례의 문중 모임을 지속하고 있다. 먼저 대명옹 인재 권익린의 후손 모임인 대문중 모임이 하나이고, 희정공의 자손들만 모이는 소문중 모임이 또 하나이다. 모임에서는 사당, 어서각 같은 건축물과 묘소 관리 등에 관해 의논한다. 현재 모이는 자손들은 항렬로는 거의 4대 정도가 된다. 또 마을 내에 70세가 넘는 일가만의 모임인 기로회도 매년 8월 20일에 열리고 있다.

근암서원 행사

9세손 권칠용은 권상일이 울산부사 시절 초안하고, 또 귀향해서 다시 수정을 보았던 『학성지』 소장본을 직접 들고 울산에 가서 소개한 적이 있다. 선조의 업적을 알리고자 한 후손의 정성과 노력이었다. 덕분에 울산문화원은 『학성지』의 초고본을 확인하였고, 국역 『학성지』의 간행도 이루어질 수 있었다. 또 청대가 평생에 걸쳐 기록한 일기가 국역 출판되어 현대인들이 18세기 사대부의 일상에 보다 쉽게 다가갈 수 있게 되었다. 향후 문집의 국역 작업도 진행된다면, 청대의 세계관을 읽는 데에 큰 도움이 될 것이다. 또 청대를 배향하고 있는 근암서원에서는 2015년 '청대 권상일의 생애와 사상'을 주제로 인문학 아카데미를 개최하기도 하였다. 그리고 해마다 문경시에서 주최하는 문경전국한시백일장의 2014년 대회에서는 시제로 '추모청대권상일선생학덕追慕淸臺權相一先生學德'을 내기도 했다. 그 밖에 문경 국학연구회는 청대의 것은 물론 문경 일대의 옛 문적들을 추적하고 수집하는 데 앞장서고 있으며, 구곡원림연구회에서는 청대구곡의 아홉 구비를 확인하고 사진에 담아 전시회를 열기도 했다.

종손은 종가의 전통문화와 서원문화에 대한 예산 지원이 사실은 가장 현실적인 문제라고 말한다. 시대는 바뀌었고 이젠 후손들이 생업을 전폐하고 모든 것을 책임질 수 있는 상황인 종가도 많지 않기 때문이다. 어쩌면 종손의 이야기 안에 향후 종가문화가 나아가야 할 방향이 제시된 것인지도 모르겠다. 더 이상 특정 성씨만의 고유한 문화로 종가에 책임을 지우기는 어려운 시대가 되었다. 특히 영남은 어느 지역을 가더라도 종가 관련 유적·유물들이 마을 곳곳에 문화재로 산재해 있고, 그것을 관광상품화한 지역도 많다. 안동의 하회마을은 이미 잘 알려진 곳이고, 영주의 선비촌도 종가의 건축문화를 야외 전시하여 관광지이자 숙박시설로서의 양대 효과를 누리도록 하였다. 서울과 수도권은 그런 고민을 할 사이도 없이 사회변동의 와중에 관련 문화경관이 어느새 거의 파괴된 상태이지만, 영남에는 아직 유교 문화경관 속에서 살아가고 있는 마을이 많이 남아 있다. 우리는 앞으로 종가문화를 어떻게 계승하고, 또 새롭게 자리매김해야 할 것인지에 대해 깊이 고민해야 할 지점에 와 있다.

참고문헌

『淸臺集』

『淸臺日錄』

권상일 저, 장재석 역, 『청대일기』 1-4, 한국국학진흥원, 2016.

국토지리정보원, 『한국지명유래집, 경상편』, 2011.

김학수, 「17세기 영남학파 연구」, 한국학중앙연구원 박사학위논문, 2008.

문경시·근암서원운영위원회, 『청대 권상일의 생애와 사상』, 2016.

산북면지편찬위원회, 『산북면지』, 산북면지발간위원회, 2016.

산양면지편찬위원회, 『산양면지』, 산양면개발자문위원회, 2011.

안동대학교 안동문화연구소, 『문경 산북의 마을들 — 서중리, 대상리, 대하리, 김룡리』, 예문서원, 2009.

옥영정, 「『闡義昭鑑』의 간행과 서지적 특성」, 『정신문화연구』 제33권 제4호, 한국학중앙연구원, 2010.

우인수 외, 『일기에서 역사를 엿보다 — 『청대일기』를 엿보다』, 새물결, 2016.

한국고전번역원 한국고전종합DB(http://db.itkc.or.kr)

한국국학진흥원 유교넷(http://www.ugyo.net)

울산신문 2011년 9월 20일 자(http://www.ulsanpress.net)

지은이

원보영 元寶瑛

서울에서 태어나 경희대학교 사회과학대학 행정학과를 졸업하고 한국학중앙연구원 한국학대학원에서 문학박사학위를 받았다. 현재 프리랜서 연구원으로 활동 중이며, 민속학, 의료醫療 민속, 생활문화의 역사와 변동 요인에 대해 관심을 갖고 공부하고 있다. 저서로는 『민간의 질병인식과 치료행위에 관한 의료민속학적 연구』, 『한국역사민속학 강의』(공저), 『덕천서원』(공저) 등이 있으며, 논문으로는 「무형유산보호대상으로서 민간의료분야의 현재와 향후 수집, 기록 연구의 방향」, 「조선후기 의료체계의 발전사」, 「『한약사 박래욱 일기』로 본 20세기 후반의 민간 의료생활」, 「『규합총서閨閤叢書』의 의료민속학적 연구」 등이 있다.

경북의 종가문화 55

독서치농하고
끊임없이 자경하라,

문경 청대 권상일 종가

찍은 날 2019년 6월 10일
펴낸 날 2019년 6월 13일

기획 경상북도 · 경북대학교 영남문화연구원
지은이 원보영
펴낸이 김상동
펴낸 곳 경북대학교출판부
출판등록 1973년 10월 10일 ㉣97호
주소 대구광역시 북구 대학로 80
전화 053-950-6741~3
팩스 053-953-4692
이메일 press@knu.ac.kr
홈페이지 http://knupress.com

ISBN 978-89-7180-525-1 94900
978-89-7180-521-3 (세트)

정가는 뒤표지에 있습니다. 파본은 바꾸어 드립니다.